LA RECUPERACIÓN ARGENTINA

GERARDO TRESCA

LA RECUPERACIÓN ARGENTINA

Ensayo sobre la recomposición política,
económica y social de la Argentina

EDICIONES
REALIDAD ARGENTINA

Tresca, Gerardo
    La recuperación argentina - 1ª ed. - Buenos Aires : Ediciones
Realidad Argenina, 2005
    272 p. ; 23x15 cm.

    ISBN 987-22331-6-0

    1. Ensayo Político y Económico Argentino. I. Título
    CDD A864

Diseño de tapa: Sergio Lobosco

Composición del texto:
Ariel Sykuler

© Gerardo Tresca

Derechos exclusivos de edición en castellano reservados
para todo el mundo

Hecho el depósito que marca la ley 11.723

Impreso en Argentina

ISBN: 987-22331-6-0

*A Teresa mi mujer, a mi hijo Ignacio,
mis hijas María e Isabel,
sus maridos Francisco y Martín
mis seres queridos; a mis amigos;
a todos los argentinos.*

INDICE

AGRADECIMIENTOS

En primer término quiero agradecer a mi mujer, Teresa Herraiz, licenciada en letras, que leyó varias veces el manuscrito, corrigió los principales errores de sintaxis, de puntuación y de acentuación y me dio valiosos consejos sobre la forma de acortar las frases y disminuir el uso de adjetivos, lo que intenté hacer, no sé si de manera suficiente. También a mi hermano, el licenciado Rogelio Tresca, que leyó el trabajo a medida que se iba redactando y me hizo interesantes sugerencias que en la mayoría de los casos incorporé al texto.

Quiero destacar mi deuda con los miembros del Encuentro de economistas argentinos y de la fundación Crear que desde hace varios años me han enriquecido al permitirme compartir sus reflexiones y varias veces sus trabajos.

Una mención particular se merecen los doctores Juan Alberto Galarza y Rodolfo C. Rossi que se tomaron el trabajo de leer el manuscrito, corregir errores y a pesar de algunas discrepancias menores sobre algunos aspectos del texto, me incentivaron a publicarlo.

Por supuesto, los errores que pudiera contener el libro, son de mi exclusiva incumbencia.

Agosto de 2005

11

PRÓLOGO

Este libro fue escrito en los últimos meses del año 2004. Los avatares de la edición lo ponen en manos de los lectores aproximadamente un año después del fin de su redacción. El análisis de fondo no sufre ninguna alteración con el tiempo ya que la tesis desarrollada se basa sobre datos de la historia reciente del país. La evolución futura de nuestra nación será la que dirá si las conclusiones del estudio efectuado han sido acertadas o si el autor ha pecado por exceso de optimismo. Por ahora, en los primeros ocho meses de 2005, el crecimiento de la economía y la evolución de las variables fundamentales de la misma parecen confirmar el pronostico sostenido. La refinanciación de la deuda, que seguía siendo una incógnita, aunque las perspectivas eran muy favorables cuando se redactó el texto, terminó confirmando estas últimas con la aceptación de la propuesta argentina por los mercados en marzo de 2005.

Entre la redacción de este prólogo y la efectiva confección del libro tendrán lugar las elecciones legislativas del 23 de octubre de 2005. El resultado de las mismas permitirá a los lectores darse cuenta si la evolución política prevista sigue un curso favorable o si se estanca. De todas maneras, cualquiera sea el resultado, y a pesar de la crisis de los partidos políticos que tienen que adaptarse con velocidad a los cambios que les impone la sociedad, el proceso democrático parece ratificado. La institucionalización republicana, en el sentido de un funcionamiento armónico y complementario de las distintas instituciones que conforman la República, también está en marcha aunque es difícil medir el tiempo que demandará su efectiva consolidación.

Los meses transcurridos desde la finalización de la redacción del libro no han sino confirmado el optimismo del autor en cuanto a que la Argentina está viviendo un proceso de cambio positivo gracias a la asimilación por la sociedad de las tres grandes experiencias vividas durante las últimas décadas: el fracaso de las soluciones políticas intentadas al margen de la Constitución; los efectos deletéreos de los déficits fiscales y de la inflación elevada que procede de los mismos; la estabilidad ficticia obtenida en base a la sobrevaluación cambiaria y el endeudamiento externo.

Es por ello que se puede seguir creyendo que la grave crisis política, económica y social de fines de 2001 y principios de 2002 sacudió a la sociedad de tal manera que se ha iniciado un proceso de recuperación basado en la toma de conciencia de la importancia de los tres factores mencionados, proceso que cuenta con buenas perspectivas. Su sostenimiento hasta el año 2010 permitiría llegar en mucho mejores condiciones a la histórica conmemoración del segundo centenario de nuestro nacimiento como Nación. Están dadas las condiciones para lograrlo si nuestra sociedad sabe aprovecharlas como, en terminos generales, lo ha venido haciendo en los últimos años.

Agosto de 2005

INTRODUCCIÓN

EL PLANTEO

En octubre de 1998, durante la reunión anual del Fondo Monetario Internacional (FMI) realizada en Washington, la Argentina fue presentada, por Michel Camdessus, el director gerente del organismo, como el alumno modelo de los organismos financieros internacionales. Destacó la estabilidad del peso, la solidez de su sistema financiero y lo robusto de su crecimiento. El FMI apoyó, desde su inicio, la política económica argentina de los noventa, aplaudiendo su inserción en los lineamientos del Consenso de Washington. Estos la llevaron a abrir sus fronteras de manera irrestricta para la libre circulación de los bienes y de los capitales, desregular sus actividades productivas y privatizar la totalidad de las empresas del Estado. Después de algunas vacilaciones, el organismo internacional terminó aceptando el régimen de convertibilidad de la moneda que fijó en igualdad la paridad del peso con el dólar mediante el establecimiento de un mecanismo parecido al de una Caja de Conversión. La entrega del diploma de honor al Dr. Carlos Menem, el primer presidente presente en una reunión anual del FMI, coincidió, curiosamente, con el inicio de la recesión provocada por la merma de ingresos de capitales, asustados por la reciente crisis rusa que se sumaba a las crisis asiáticas de 1997.

Tres años de recesión más tarde, en diciembre de 2001, el país que había sido anotado en el cuadro de honor, implosionaba financieramente y estallaba políticamente. Casi 6 años después de los honores y tres después del climax de la crisis, en noviembre de 2004 en que escribimos estas líneas, el país superó lo peor de la caída y suma dos años de crecimiento record –8,8% en 2003 y probablemente 9% en 2004– y cerca de 2 millones de empleos nuevos han sido creados desde el momento pico de la recesión. La intensidad de la crisis no prevista por las máximas autoridades mundiales, y el giro dramático, en sentido positivo, que permitió la espectacular recuperación que estamos viviendo, necesita una explicación.

La explicación que llamaremos ortodoxa es compartida por el establishment financiero, las principales empresas de servicios públicos privatizadas, algunos empresarios, así como por numerosos economistas profesionales locales y de organismos internacionales: es simple. El país, según ellos, aplicó correctamente el Consenso de Washington abriendo sus fronteras, privatizando sus servicios públicos y desregulando la mayoría de las actividades económicas; la fijación del tipo de cambio a paridad entre el peso y el dólar no tuvo nada que ver en el origen y desencadenamiento de la crisis. Toda la culpa, en esta visión, recae en el excesivo gasto público que profundizó el déficit que fue financiado por endeudamiento externo; y ello llevó la deuda a un nivel difícil de manejar. Este exceso de gasto es atribuido a las ambiciones políticas, especialmente a los intentos de hacerse reelegir del presidente Menem. Siempre según esta visión, el presidente De La Rúa no supo aplicar con suficiente firmeza los recortes, dolorosos pero necesarios, en el presupuesto del Estado, o sea arriesgarse a elevar todavía más una desocupación que alcanzaba más del 18% en octubre de 2001, con cerca de 3 millones de trabajadores sin empleo. Para estos analistas, la renuncia del Dr. De La Rúa es atribuida a un complot político, y la gran manifestación de las clases medias de la noche del 19 al 20 de diciembre, el primer "cacerolazo" monstruo que hizo perder al presidente el apoyo del Parlamento es simplemente olvidada. Pero sobre todo, niegan la oportunidad de la salida de la convertibilidad y la devaluación posterior. El problema es que no explican cómo la hubieran evitado una vez que la corrida bancaria adquirió el nivel del pánico, los bancos ya habían perdido la totalidad de sus depósitos en dólares y el Banco Central la mitad de sus reservas. Además, tampoco indican la manera en que hubieran frenado la catastrófica caída libre del PBI en el último trimestre y la explosión de la desocupación.

La explicación que llamaremos heterodoxa es muy distinta. La comparten economistas locales e internacionales –pocos antes de los acontecimientos y cada vez más numerosos a medida que pasa el tiempo–, algunos financistas locales, y empresarios cuyas inversiones se encuentran en el sector transable de la economía, es decir el sector abierto a la competencia internacional. Para ellos, el gasto público no puede ser responsabilizado del desastre, por el motivo esencial de que en Argentina, alcanzaba en el 2001 menos del 30% del PBI, un nivel razonable y muy inferior al de Brasil. Además este porcentaje de gasto incluía los intereses de la deuda que representaban el 20% del presupuesto y nada menos que el 4% del PBI.

Para ellos, mucho más que el gasto, lo que provocó el déficit público fue la insuficiencia de la recaudación. Esta insuficiencia debe buscarse en la importancia de la elusión fiscal de algunos grandes contribuyentes, en el fraude fiscal liso y llano de algunos otros. Sobre todo, en la pérdida de recaudación que significó el traspaso de una masa de afiliados del sistema de jubilación estatal

17

de reparto, al nuevo sistema de fondos de jubilaciones privados por capitalización en 1994. La pérdida de recaudación por este concepto fue de nada menos que de 4 mil millones de pesos-dólares por año que fueron sustraídos al sistema estatal de jubilación de reparto. Por fin –causa fundamental– la recesión, que tuvo un impacto particularmente negativo en una fiscalidad muy basada en los impuestos indirectos sobre el consumo.

Las causas de la recesión, y ahí viene el núcleo fuerte de la explicación heterodoxa, son esencialmente atribuibles a la sobrevaluación cambiaria provocada por un tipo de cambio mantenido en paridad uno a uno con el dólar durante 11 años cuando las principales monedas del mundo habían sufrido varias devaluaciones competitivas. La peseta española perdió la mitad de su valor frente al dólar entre 1991 y 1999 en que se incorporó al euro. Esta sobrevaluación cambiaria minó la competitividad de los productores argentinos de bienes transables. Estos se vieron progresivamente desplazados por las importaciones cuyo auge explica en gran medida la dramática e insólita magnitud que adquirió la desocupación.

La pérdida de rentabilidad consecuencia de la sobrevaluación del peso fue la tara esencial del sistema al que le costaba cada vez más funcionar a medida que la deuda externa se incrementaba. Deuda cuyo incremento, es necesario señalarlo, era la base del mecanismo de crecimiento en el sistema de la convertibilidad. Sin atacar la distorsión de los precios relativos que penalizaba a los productores locales, ninguna reactivación económica era posible y el pago de la deuda una utopía. El desfase en el valor del tipo de cambio constituía la piedra basal del sistema y por lo tanto era eso lo que había que corregir.

Por fin, dentro de esta visión, las manifestaciones que provocaron la renuncia del presidente De La Rúa fueron el resultado del profundo malestar de la población, sin que, por supuesto, se pueda descartar la intervención aviesa de ciertos punteros políticos teledirigidos. Pero para obtener una explosión, es necesario que se haya acumulado pólvora previamente, y el profundo malestar de la mayoría constituía este explosivo sin la presencia del cual aún los más enardecidos no hubieran obtenido nada.

La remoción de la piedra basal del sistema, es decir la salida de la convertibilidad y la devaluación de la moneda fue traumática al principio. Sobre todo porque tuvo que aplicarse en un terreno minado por los créditos y deudas en dólares, así como por las tarifas de los servicios públicos indexadas en dólares. Estos condicionantes obligaron a las autoridades a aplicar una fenomenal operación quirúrgica. Ésta consistió esencialmente en la transformación en pesos de todos los créditos y deudas en dólares, al tipo de cambio de un peso igual a un dólar previo a la devaluación. También en indexar por el costo de vida los pesos así obtenidos. Hubo dos excepciones de magnitud: en el caso de los depósitos en dólares en los bancos, la pesificación se hizo a 1,40 que fue el primer nivel de la devaluación; mientras que en el caso de los servicios públicos privatizados, cuyas tarifas se habían beneficiado de indexaciones sobre el costo de vida en los Estados Unidos cuando en nuestro país hubo deflación durante varios años, no se les reconoció ninguna indexación. Un ajuste de las tarifas pesificadas estaba previsto pero tardó más de dos años en tener un inicio de concreción.

Esta profunda cirugía que afectó poderosos intereses explica las dificultades políticas del primer semestre de 2002. La estabilidad del tipo de cambio desde un nivel casi cuatro veces superior al original, a partir de junio de 2002, permitió la reactivación después de la agravación inicial de la recesión durante el primer semestre. Esta estabilización se debió en gran parte al muy importante superávit de la balanza comercial que se tradujo en la revaluación parcial del tipo de cambio en el último trimestre de 2002. Esto permitió la evolución positiva de la recaudación fiscal. Asimismo, una política monetaria adaptada a la situación y el cambio de precios relativos, que permitió a la producción nacional sustituir masivamente a las importaciones, motorizaron la reactivación.

Un formidable excedente comercial de 17 mil millones de dólares obtenido en 2002, otro de 16 mil millones en 2003, y uno previsto del orden de 12 mil millones en 2004 revirtieron drásticamente el resultado de la cuenta corriente del balance de pagos. Después de una década de déficits enormes esta cuenta –que mide el ahorro frente al resto del mundo– alcanzó superávits más que significativos que permitieron al país generar genuinamente sus divisas y no depender más de la buena o mala voluntad de los prestamistas externos, con la mitad de la deuda en default, es cierto. La producción industrial no dejó de incrementarse desde abril de 2002 y actualmente es muy superior a la existente antes de la devaluación. Cerca de 2 millones de empleos nuevos han sido creados desde junio de 2002 y la tendencia favorable continúa.

Los resultados obtenidos y la firmeza del gobierno para defender el nuevo modelo de desarrollo permitieron la reactivación. Este nuevo modelo está basado en el regreso a una moneda nacional como único instrumento del intercambio; una política monetaria a la vez activa y prudente; una política fiscal seria; el estímulo a la inversión, la asistencia a cerca de 2 millones de desocupados que antes estaban abandonados a su triste suerte y un crecimiento traccionado tanto por las exportaciones como por el consumo interno. El éxito de este proceso de reconstrucción de la economía nacional será favorecido si es aceptada por la mayoría de los acreedores la oferta de canje de la mitad de la deuda externa cuyo default fue declarado días antes de la salida de la convertibilidad. Este canje prevé una quita de capital, una reducción de los intereses y el alargamiento de los plazos. Estaba previsto proponerlo al mercado a partir de diciembre de 2004; problemas técnicos que se conocieron a fines de noviembre lo postergarán, probablemente, por varios meses. También es importante que se llegue a un acuerdo definitivo sobre el sendero de recomposición de las tarifas públicas de las empresas privatizadas que se inició tímidamente.

Una cosa es segura: el traspaso del porcentaje de la devaluación a los precios internos, menos de un tercio después de casi tres años, es el más bajo de todas las devaluaciones de los países emergentes. Esto permite afirmar que la devaluación de enero de 2002, tan cuestionada, ha sido un éxito y resultó ser la medicación adecuada.

Hay que destacar que esta exitosa estrategia económica fue aplicada por el gobierno provisional que sustituyó al del presidente Fernando De la Rúa que renunció el 20 de diciembre de 2001. Sucedió al efímero interinato del Dr. Rodríguez Sáa, elegido apenas por el partido justicialista y por lo tanto con una mayoría simple. Éste sólo declaró el default de parte de la deuda externa pero no se animó a tocar la convertibilidad. Duró una semana: no había entendido el mensaje, escondido porque temido por ella misma, de la ciudadanía. El 1 de enero de 2002, con el 90% de los votos de la Asamblea Legislativa, obtenidos esencialmente por la suma de las voluntades de justicialistas y radicales, el Dr. Eduardo Duhalde asumió la presidencia para terminar el mandato iniciado en diciembre de 1999. La gobernabilidad fue preservada por esta asociación al borde del abismo de los que eran todavía los dos grandes partidos, y se puede decir que a partir de este momento volvió la política por sus fueros y los políticos a gobernar. El reinado del establishment al cual se le había tercerizado la economía y algunas cosas más había terminado.

El lenguaje oficial, empezó a sostener el mensaje productivista, aunque al principio sin la fuerza suficiente debido a la resistencia que la clase media oponía a la devaluación inconscientemente deseada –o por lo menos aceptada como inevitable– y a sus dolorosas consecuencias. Por otra parte la ingente tarea del equipo económico inicial, que despejó el terreno de las ruinas dejadas por la convertibilidad y compensó los efectos de la devaluación, le restaba tiempo a la retórica. Hubo que esperar a fines de abril, y la llegada al ministerio de economía del Dr. Roberto Lavagna para que se exteriorizara con toda claridad el nuevo paradigma. Éste suponía atacar con fundamento los principales pilares sobre los cuales se sostenía la convertibilidad. Esto llevó a acentuar la confrontación con el sector financiero, el FMI y las empresas privatizadas, es decir con el mundo occidental a quien le costaba reconocer que había apoyado tanto tiempo un plan sin sustento y que terminó tan mal. Poco a poco, el lenguaje de la verdad rindió sus frutos. Las culpas no estaban íntegramente del lado argentino, y el no cumplimiento de muchos contratos, indexaciones prohibidas por la ley de convertibilidad y aplicadas sin limitaciones, remesas desmedidas de utilidades en los últimos instantes previos al corralito –las empresas españolas "se llevaron a España casi 5.000 millones de dólares por el pago de dividendos y activos liquidados antes de que el gobierno argentino instaurara restricciones para el movimiento de fondos"[1] –ayudaron a la toma de conciencia. Pero sobre todo, la irracionalidad de la lógica superada y por antítesis la racionalidad de un país normal administrando su moneda propia y defendiendo sus intereses atrajo la simpatía de los

---

[1] Suplemento económico del diario *La Nación*, del 24 de abril de 2002.

pueblos europeos. Especialmente la del español que no olvidó la ayuda desinteresada que le prestó la Argentina después de la segunda guerra mundial cuando su gobierno había sido anatemizado por todos los países importantes del orbe. El mundo, irritado al principio por la inesperada reacción argentina, poco a poco recapacitó lo que había ocurrido y ante la férrea voluntad de un país, que a pesar del caos político que parecía imperar en 2002, demostraba su deseo de reconstruirse como nación, disminuyó su presión. Los gobiernos de los países más desarrollados del mundo dejaron de apoyar los reclamos sesgados de los grandes grupos privados connacionales.

El objetivo de este ensayo consiste en demostrar que habiendo sido provocada por la explosión de un sistema apoyado sobre columnas herrumbradas, la crisis económica, financiera, social y política de diciembre de 2001 y principios de 2002 ha despertado lo mejor de la sociedad argentina. Esto permite mirar con optimismo el futuro de nuestro país. Queremos demostrar que más allá de los problemas enormes, trágicos en muchos casos, un espíritu constructivo se adueñó de la sociedad a medida que luchaba en esos dramáticos meses para superar el caos e iniciar la reconstrucción. Sostenemos esto, observando la consolidación de la política nacional. Ésta luego de permitir una transición constitucional en una encrucijada en que se podía temer lo peor, supo organizar elecciones inobjetables en abril de 2003. En éstas resultó electo el Dr. Néstor Kirchner. Consideramos notable la capacidad de acción, generalmente constructiva, que desplegó y que le atrajo la favorable consideración de la opinión pública. Es también destacable el formidable incremento de las entidades caritativas voluntarias que fueron movilizadas por el desamparo de tantos compatriotas, la disminución de la evasión impositiva, la inesperada –para muchos– recuperación económica, el sostenido incremento de la inversión que a fines de 2004, ya está en el nivel promedio de la década de los noventa, y el auge cultural.

Este ensayo sostiene que la última crisis ha hecho cuajar lo mejor de la sociedad argentina que aprendió las duras experiencias de los últimos veinticinco años. En efecto, los golpes militares han sido expulsados de las soluciones colectivas; los déficits fiscales y las inflaciones e hiperinflaciones que los acompañaban, han dejado un recuerdo de pesadilla; por fin, la estabilidad a ultranza, basada en la pérdida del control de la política monetaria, el endeudamiento infinito, la cesión al exterior de todos nuestros servicios públicos y riquezas mineras sin prácticamente control alguno, así cómo la ingenua apertura irrestricta de la fronteras a las importaciones sin exigir contrapartidas concretas de los países proteccionistas, conoce el repudio que frecuentemente sucede a un amor exagerado. Con estos nuevos valores, que suponen una democracia sólida, una apertura inteligente al exterior basada más en las exportaciones que en las importaciones gracias a un tipo de cambio competitivo, una política monetaria activa aunque prudente y una política fiscal seria, se podrá seguir generando un crecimiento económico sustentable como en los dos últimos años. "Todo bien" nos dice, en tono irónico, un destacado analista económico que recuerda que "cosas muy parecidas se decían hace 10 años cuando la convertibilidad estaba en su apogeo y ya sabemos cómo terminó".[2] Sin embargo estoy convencido de que se equivoca. Por supuesto hay que tener cuidado, y recordar que como decía el Dr. Natalio Botana hace poco: "Es muy difícil predecir, y aún más difícil en las circunstancias presentes".[3] Completando luego su pensamiento recordaba que "Uno de los maestros con los

[2] Espert José Luis, "La Argentina ¿destino africano?", suplemento económico de *La Nación*, 31 de octubre de 2004.
[3] Botana Natalio: entrevista al diario *La Nación*, 27 de diciembre 2003.

que yo me formé, a la distancia, Raymond Aron, en su último libro daba por hecho que estaba congelada la distribución del mundo entre las dos grandes potencias".[4] No son predecibles, las bruscas variaciones sociológicas o políticas, tampoco las catástrofes humanas o naturales, y tenemos que aceptar con respeto la insondable providencia divina. Pero la gran diferencia entre el sistema de la convertibilidad y el actual, es que con la convertibilidad, y su tipo de cambio fijo, el motor de la economía trabajaba a media potencia. Esto se debía a precios relativos distorsionados que obligaban a reemplazar la potencia perdida por el endeudamiento sin límites. Es sabido cómo terminan los endeudamientos exagerados. Hoy día, con precios relativos que favorecen el ahorro, la inversión y el trabajo argentinos, las complicaciones mundiales, si ocurren, podrán frenar nuestro desarrollo, hasta hacernos perder tiempo, pero no hacernos retroceder más de un lustro como lo logró el sistema desequilibrado aplicado en los noventa.

Para desarrollar nuestra tesis, vamos a empezar por repasar los antecedentes históricos que permiten explicar la adopción de un régimen tan particular como el de la convertibilidad. Esto nos llevará a analizar brevemente la evolución política y económica de la Argentina durante el proceso militar de 1976 a fines de 1983, y durante el primer gobierno democrático del Dr. Raúl Alfonsin de fines de 1983 a julio de 1989. También nos extenderemos sobre la noción de "globalización" y sus principales implicancias que desempeñan un papel muy importante, en consonancia con los antecedentes históricos, para entender la política puesta en marcha en la década de los noventa por el Dr. Carlos Menem. Prestaremos una particular atención a esta década e intentaremos señalar sus penas y glorias. Podemos adelantar

---

[4] Botana Natalio: *op. cit.*

que si las glorias fueron bastantes, en general fueron efímeras, mientras que los males, pocos al principio se fueron multiplicando hacia el final en donde se reforzaron los más dañinos. Es casi inútil explicar que al apartarnos drásticamente de la vulgata de los defensores de la convertibilidad, y al destacar los profundos desequilibrios que la acompañaban, estamos valorizando el esfuerzo realizado en los últimos tres años y justificando nuestro optimismo. Estudiaremos el patético intento del Dr. De la Rúa y su equipo para rellenar las brechas de un sistema que hacía agua por todos lados. Su fracaso y el estrepitoso derrumbe del conjunto vía la crisis financiera, económica, social y finalmente política con su renuncia y su reemplazo por el Dr. Duhalde retendrá especialmente nuestra atención. Las implicancias políticas de la asunción del nuevo presidente provisional; la manera en que conformó los equipos técnicos que lo acompañaron en su intento, difícil pero coronado por el éxito, de ordenar los escombros dejados por el derrumbe del edificio anterior; el adelantamiento de la fecha de las elecciones, la curiosa manera en que se dirimió la interna del partido justicialista, y la victoria del Dr. Néstor Kirchner nos ayudarán a reflexionar sobre la insospechada vitalidad del sistema político nacional. Éste supo transmutar el "que se vayan todos" de imposible realización en un mucho más inteligente "que se vayan los peores", léase Carlos Menem y sus principales allegados. La recuperación de la economía nacional primero, y luego su crecimiento sostenido desde la asunción de su cargo por el presidente Kirchner justifica que nos detengamos sobre la materia que es uno de los principales elementos, si bien no el mayor, que fundamenta nuestra esperanza sobre la positiva evolución de nuestra patria. Nos interesará especialmente ver la manera en que superando viejas antinomias, se están creando las condiciones para que tanto los productores agropecuarios cómo los industriales participen consensuadamente de la elaboración de políticas sectoriales. Éstas apuntan a favorecer la inversión para la exportación y el mercado interno explotando al máximo las materias primas nacionales. Veremos también cómo los servicios, desde los de infraestructura con una progresiva renegociación de los contratos, y todos los demás irán acompañando el crecimiento de los otros dos sectores. El desafío planteado por la evolución futura de la política argentina y la posibilidad de superar la lógica destructiva de los "aparatos" de los grandes partidos retendrá nuestra atención, ya que es una de las precondiciones para imaginar un desarrollo sustentable de nuestra sociedad. Veremos que existen elementos para no considerar cómo una desgracia ineludible la previsión apocalíptica que sobre el tema tienen la Dra. Elisa Carrió y otros políticos y analistas. Nos detendremos luego sobre el desafío del empleo, o sea la provisión de empleos a los millones de hombres y mujeres que siguen desocupados. Este desafío también puede ser enfrentado con cierto éxito, si bien en esta materia en donde las consecuencias del mal son tremendamente dañinas, hay que ser muy circunspecto a la hora de cantar victoria. Revisaremos la manera en que se está llevando a cabo la nueva inserción del país en el mundo. Por fin, listaremos algunas de la razones que justifican la esperanza que anima este ensayo, haciendo un espacio particularmente importante a los índices de desarrollo humano. Veremos que estos nos permiten constatar que, a pesar de la tremenda crisis padecida, seguimos teniendo índices en lo que se refiere a la salud, la educación, y aunque parezca poco creíble para muchos, también la seguridad, que todavía se encuentran en buena posición si se los compara con el resto de los países del mundo.

Explicado nuestro cometido, no queda más que poner manos a la obra, solicitanto la indulgencia del lector que se atreva a acompañarnos en este recorrido; intentaremos llevarlo a cabo de la manera más objetiva posible.

CAPÍTULO 1

EL INTENTO DE APERTURA DE LA ECONOMÍA Y SUS CONSECUENCIAS: DE 1976 A 1989

Desde la primera presidencia fundadora, la de Bartolomé Mitre a partir de 1862, la Argentina tuvo una economía abierta al mundo. El proceso de intercambio se aceleró considerablemente desde 1880, año que coincide con la llegada de Julio A. Roca a la primera magistratura. Durante los 50 años siguientes existió una complementación casi perfecta entre las economías de Argentina e Inglaterra. La Argentina era una gran exportadora de alimentos cuya producción se vio beneficiada por las fuertes inversiones de capitales ingleses en obras de infraestructura como los ferrocarriles y los puertos. Nuestro país colocaba la mayor parte de su cosecha de granos y de la producción de carne procesada por los frigoríficos en Inglaterra, la que nos proveía de productos manufacturados. Los términos del intercambio eran relativamente equilibrados y en un país con poca población, esta complementación permitió un formidable desarrollo a costa de un atraso del sector industrial fuente de problemas en el futuro.

La crisis de 1930, una de las causas del golpe militar que puso fin a 70 años de orden republicano, dio un primer golpe a esta complementación que se derrumbó definitivamente después de la segunda guerra mundial.

En 1946, Juan Perón asumió la presidencia y aplicó una política de desarrollo industrial autárquico, casi enteramente centrado en la industria liviana. Había llegado a la primera magistratura llevado por los votos, entre otros, de los obreros industriales que habían migrado del interior hacia la capital y otras ciudades importantes. La crisis primero, y la atracción de una industria que necesitaba mano de obra después, incentivaron esta concentración en los centros urbanos. Como Secretario de Trabajo y Previsión del gobierno militar surgido del golpe de 1943, Perón había otorgado una serie de ventajas económicas a los trabajadores y los había organizado en sindicatos que le respondían. Tenía entre sus manos una pasta flexible que podía moldear casi como quería, dado su prestigio y la adulación que despertaba entre sus seguidores. Desgraciadamente, Perón le dio más importancia al corto plazo que a los proyectos más difíciles que apuntan al mediano y largo plazo. El período que dejó un recuerdo imborrable en la mente de los trabajadores argentinos se limitó a los tres años que van de 1946 a 1949, durante los cuales hubo un fuerte incremento del salario real. Luego, agotadas las reservas de divisas, la restricción externa obligó al gobierno justicialista a administrar una economía de bajo crecimiento.

Después de la revolución de 1955 el gobierno provisional administró la economía cerrada legada por Perón. Entre 1958 y 1962, se desenvolvió la experiencia "desarrollista" de la presidencia trunca de Arturo Frondizi. Éste alentó el ingreso de capitales extranjeros para desarrollar las industrias de base como la del petróleo, del acero, de la celulosa y el papel. Sobre esta base, la buena administración del gobierno radical de Arturo Illia y los gobiernos militares que dirigieron los destinos del país entre 1966 y 1973 permitieron que el país conociera una década de crecimiento promisorio. Con economía cerrada, pero buena administración, el PBI creció al 6% anual acumulativo en éste período lo que permitió prácticamente duplicar el Producto Nacional. Desgraciadamente, el retorno de Perón en 1973 se hizo en condiciones políticas deplorables, con un partido justicialista dividido en por lo menos dos ideologías extremas que no vacilaron en dirimir su conflicto por medio de grupos armados. Después de la muerte de Perón el 1 de Julio de 1974, la vicepresidente, su segunda esposa Isabel Martínez fue incapaz de frenar el conflicto. En manos de su ministro de Bienestar social, el ex cabo de la Policía Federal, José López Rega, se desató una represión subterránea que abrió camino a los excesos posteriores. En 1975, los efectos de la crisis del petróleo se hicieron sentir crudamente en nuestro país y terminaron con el programa económico de inflación reprimida iniciada en 1973 por el ministro José Ber Gelbard. En junio de 1975, agotadas las reservas del Banco Central, el peso fue devaluado masivamente. La devaluación sin medidas atenuantes se trasladó a los precios íntegramente en pocas semanas. En nueve meses, con la inflación desatada, y la confrontación política armada que escapaba al control del gobierno y de los partidos, el país se fue desintegrando. El 26 de marzo de 1976, los militares asumieron el poder y el comandante en jefe del ejercito, el teniente general Jorge Rafael Videla se hizo cargo de la presidencia del país y de la Junta de Comandantes en Jefe, un nueva figura creada por los militares.

El gobierno militar se institucionalizó en el poder mediante un estatuto en el que el órgano máximo pasaba a ser la Junta de Comandantes en Jefes. Ésta supervisaría la presidencia la que, teóricamente, debía ser ejercida en forma rotativa por cada uno de los tres comandantes en jefe. De hecho, esta cláusula nunca se aplicó, y el Ejercito ejerció la titularidad del Poder Ejecutivo durante toda la existencia del régimen. Un órgano consultivo que pretendía remedar el Parlamento, la

C.A.L. (comisión de asesoramiento legislativo) estaba formada por oficiales de las tres fuerzas y analizaba los proyectos de ley. La actividad política fue suspendida y los partidos políticos disueltos. El régimen militar se atribuyó un rol fundacional que suponía terminar con la guerrilla armada, y solucionar el problema económico, no limitándose a corrregir la crisis coyuntural que afectaba a la economía argentina, sino cambiando la política aplicada. Se consideraba que le faltaba a la economía argentina una dosis suficiente de capitalismo y el Dr. José Alfredo Martinez de Hoz, el nuevo ministro de economía, se tenía que encargar de insertar el país en el mundo, abriéndolo a la competencia extranjera e incentivando el ingreso de capitales. La influencia de las finanzas internacionales sobre el ministro era muy fuerte ya que había trabajado para importantes grupos extranjeros. En los Estados Unidos, afectados por las crisis petroleras de 1973 y 1979 y la necesidad de reciclar sí o sí los petrodólares, o sea los dólares de la renta petrolera de los países árabes, se estaba gestando el pensamiento neoliberal que haría eclosión con Ronald Reagan en la presidencia en el año 1981

En los primeros años, la apertura económica fue gradual ya que la lucha contra la guerrilla no permitía aplicar fuertes ajustes a la economía que hubieran creado adeptos a los ideólogos de la guerrilla revolucionaria. Durante los tres primeros años, se rebajaron de manera moderada los derechos de aduana y el fin del modelo sustitutivo de importaciones que iba implícito con la apertura de la economía fue más declamativo que real. Lo que sí avanzó a marcha forzada, fue la apertura financiera con la absoluta liberalización del mercado cambiario y de los movimientos de capitales. Sobre todo, en el año 1977, se dictó una ley de entidades financieras que liberó la actividad a la par que colocaba todos los depósitos que se efectuaban en el sistema bancario argentino bajo la garantía del Banco Central. Se incentivó de esta manera la apertura de gran cantidad de bancos, que captaron depósitos tanto locales como externos pagando tasas de interés pasivas muy elevadas, lo que los obligaba a prestar a los tomadores de crédito a tasas activas usurarias. En tanto y en cuanto los depositantes siguieran confiando en el Estado argentino, y los tomadores vieran renovados sus créditos a su vencimiento, el mecanismo podía funcionar. Pero iba transfiriendo enormes riquezas del sector productor, tanto primario como industrial, al sector financiero.

Durante estos primeros años, sobre todo en los dos primeros de 1976 y 1977, se libró el grueso de la lucha para terminar con la guerrilla de los dos principales grupos, el de la guerrilla marxista del E.R.P (Ejército Revolucionario del Pueblo) y los Montoneros que decían responder al peronismo. Las fuerzas armadas enfrentaron a los guerrilleros en combates, lo que era propio del conflicto armado que estaba abierto, pero como eso no daba los resultados esperados, se incentivó la lucha de inteligencia, utilizando cualquier tipo de método legal o ilegal. La detención de personas, muchas veces sobre la base de sus ideas políticas izquierdistas, sin intervención de la justicia; la apertura de campos de detención clandestinos; el uso de la tortura y la condena a muerte indiscriminada sin juicio previo se tornaron, desgraciadamente, metodología aprobada por los comandantes en jefe. De esta manera, las fuerzas armadas se apropiaron de la metodología de la guerrilla y posteriormente, se podrá hablar, lamentablemente con acierto, de terrorismo de Estado. Sin duda, las fuerzas guerrilleras tenían una importante potencia de fuego y además de los secuestros y asesinatos puntuales eran capaces de operaciones de envergadura. Lo demostraron con la colocación de una bomba en el departamento central de la Policía Federal que provocó decenas de muertos. Esta capacidad de actuar violentamente, y la adscripción de parte de ella a ideales marxistas en plena guerra fría entre Occidente y Rusia, asustaba a gran parte de la población. Ésta fue anestesiada por el miedo y dejó que las fuerzas armadas llevaran adelante su feroz e ilegal represión, mirando para otro lado. Hubo valientes denunciantes de los excesos, muchos de los cuales, hay que decirlo, desaparecieron. También es necesario destacarlo, los gobiernos tanto de Estados Unidos, como de los principales países europeos, denunciaron la metodología empleada por la Junta militar e intentaron frenar los peores excesos. El gobierno negaba todo, y soportó el aislamiento internacional consecuencia de su reiterada violación de los derechos humanos. En la práctica los golpes asestados a la guerrilla fueron letales ya en 1976, si bien hubo grupos que siguieron actuando hasta el año 1979.

A medida que el problema de la guerrilla armada se fue controlando, las políticas de transformación económica de la Junta militar fueron tomando cuerpo. Durante los tres años del 76 al 78 inclusive, hemos visto que las transformaciones se limitaron al sector financiero, sector que fue captando una porción creciente de la renta nacional. El comercio exterior, ayudado por una política cambiaria inteligente permitió obtener importantes superávits de la balanza comercial que facilitaron la reconstrucción de las reservas del Banco Central. Éstas también crecían porque existía ya una tendencia al endeudamiento externo por parte, sobre todo, de las empresas del Estado que vendían los dólares provenientes de los créditos obtenidos al Banco Central. A fines de 1978, el terreno se tornó favorable para que Martinez de Hoz aplicase su plan sin restricciones. Se bajaron aranceles aduaneros potenciando la apertura, y se estableció lo que se llamaría la "tablita cambiaria". Ésta era un mecanismo que consistía en fijar el precio del valor del dólar con un año de anticipación y previendo una devaluación mensual decreciente, cualquiera fuera la inflación. Ante el fracaso de la política monetaria y fiscal, las dos armas clásicas para controlar el incremento de precios, sin contar la presión que las tasas de interés provocaban en los costos como resultado de la particular reforma de la ley de entidades financieras, se pretendía utilizar el tipo de cambio como freno a la inflación. De paso, el atraso cambiario resultante, incrementaría la competencia externa y estimularía las importaciones que obligarían a los productos locales a bajar de precio. Se asestaba un golpe mortal a la política de sustitución de importaciones. Este mecanismo se empezó a sentir en el segundo semestre de 1979, y ya en el tercer trimestre de este año, la balanza comercial estaba en déficit. Durante el año 1980, se sintieron en su integralidad los efectos de la tablita cambiaria. Los productores locales de bienes transables sufrieron, bajó la producción industrial, y se multiplicaron los casos de insolvencia que afectaron a los bancos. El Banco Central tuvo que liquidar decenas de bancos, con lo que la emisión monetaria se incrementó fuertemente, a la par que el Estado aumentaba grandemente su endeudamiento externo. Dentro de los bancos liquidados, hubo bancos líderes como el B.I.R. o Banco de Intercambio Regional que estaba entre los primeros en el ranking de los depósitos. En muchos casos, el problema de la insolvencia empresaria se vió agravado por verdaderas políticas de vaciamiento puestas en práctica en varios bancos que abusaron del autopréstamo o préstamo a empresas del mismo grupo o directamente prestaron a empresas fantasmas fondos que eran retirados del sistema. La inflación se redujo, pero siguió superando ampliamente a la devaluación de la tablita que era a esta altura prácticamente nula, por lo que el atraso cambiario se potenció. Las importaciones se incrementaron mucho más que las exportaciones y el déficit comercial del año 1980 alcanzó los 2.500 millones de dólares. A estos había que sumar otro tanto por el déficit de la cuenta de servicios de la cuenta corriente del balance de pagos. A fines de

1980, se aproximaba el cambio de presidente previsto por el Estatuto del Proceso Militar, el que tendría lugar en marzo de 1981. Como el nuevo presidente el general Viola no había escondido sus temores sobre las consecuencias de las pautas cambiarias pero no se explayaba sobre cual sería su política, se produjo una corrida cambiaria. Para calmar el mercado, Martínez de Hoz se apartó de la tablita, y en febrero de 1981, devaluó un 10% y publicó una tablita tentativa en la que nadie creyó. La corrida se aceleró y el Banco Central perdió masivamente reservas hasta la transferencia del mando.

Después de cinco años de aplicación del esquema de apertura económica, el nuevo presidente y su ministro de economía Lorenzo Sigaut se encontraron con una deuda externa de cerca de 20.000 millones de dólares, o sea casi tres veces superior a la que había encontrado el proceso militar. El sector industrial había conocido el cierre de miles de compañias jaqueadas por los intereses financieros y la competencia externa. Además, el mercado cambiario se había desbocado, había muy pocas reservas en el Banco Central y el déficit de la cuenta corriente era infinanciable debido a su magnitud. En marzo hubo una primera devaluación de un 30% acompañada por un esquema de seguros de cambio para evitar la quiebra de las empresas endeudadas en dólares e incentivar el ingreso de capitales de corto plazo. Con el afán de preservar las escasas divisas disponibles, se incrementaron nuevamente los aranceles de importación. Estas medidas fueron insuficientes, y en un lapso de 3 meses, la devaluación ya alcanzaba el 100% para el mercado financiero de cambio que había sido desdoblado nuevamente. En 1981 la inflación fue de 101%, subió a 165% en 1982 y en 1983 ya estaba en 343%. En el sector externo, las drásticas medidas adoptadas dieron resultados y en 1981 la balanza comercial se acercó al equilibrio para brindar fuertes superávits de 2.200 y 3.300 millones de dólares respectivamente en 1982 y 1983.

La gravedad de la situación trajo desavenencias entre los responsables del Proceso. El general Viola tuvo que renunciar en diciembre de 1981 arrastrando a su ministro Lorenzo Sigaut. El nuevo presidente, el general Galtieri nombró a Roberto Alemann en economía. Éste aplicó una dura política de caja, postergando los pagos del Estado para frenar la inflación. Esto produjo iliquidez que agravó la recesión. Acorralado por el desastre económico en que se terminaba un lustro de apertura económica, el general Galtieri intentó frenar la oposición de la población lanzando al país en una gesta que debía unificar a la opinión pública. El 2 de abril las fuerzas armadas recuperaron las Islas Malvinas. Se podría haber aprovechado el éxito de una conquista sin muertes británicas, y retirarse acatando la resolución que las Naciones Unidas emitieron 48 horas después. Ésta daba la posibilidad a la Argentina de mantener su pabellón en las islas, aunque compartiéndolo con el de las Naciones Unidas. Era una solución honorable pero la Junta militar prefirió fugar hacia adelante y enfrentar a todos los países de Occidente en un conflicto cuyo resultado era conocido de antemano debido a la disparidad de fuerzas enfrentadas. El 10 de Junio, después de acciones bélicas cruentas en donde se destacaron particularmente elementos de la fuerza aérea y la marina, las fuerzas argentinas destacadas en las islas Malvinas se rindieron. Lo que los militares suponían iba a reforzar el prestigio de su gobierno, lo hizo colapsar.

Apenas conocida la rendición de las fuerzas de Malvinas, Galtieri a pesar de algunos intentos de mantenerse en el cargo tuvo que renunciar. La Junta nombró en su reemplazo al general retirado Bignone. Éste asumió después de una larga reunión en la sede del Parlamento con los representantes de los principales partidos políticos que exigieron que se llamara cuanto antes a elecciones. Éstas fueron fijadas para diciembre de 1983, por lo que se vislumbraba el regreso de la democracia y el clima político se distendió.

La situación económica se había complicado como consecuencia del conflicto bélico. El nuevo ministro de economía, Dagnino Pastore, y el nuevo presidente del Banco Central, Domingo Cavallo, urgidos por la gravedad de la situación por la que pasaban los deudores, consolidaron las deudas bancarias a una tasa controlada inferior a la inflación, mientras que se liberaba el mercado financiero para que se pactasen libremente las tasas a partir del 1 de julio. Estas medidas, que salvaron a muchas empresas locales, significaron un fuerte trasvasamiento de ingresos de los ahorristas y provocaron malestar. Los dos responsables tuvieron que renunciar, y asumió Jorge Wehbe, un especialista en transiciones de gobierno que ya había piloteado las de 1962 y la de 1972. A pesar de la fuerte inflación, estimulados por un tipo de cambio alto y liberados de parte del peso de su deuda, los productores industriales volvieron a invertir, el país salió de la recesión y el PBI creció cerca de un 4% en 1983.

La deuda externa creció desde 1981, impulsada por tasas de interés de un nivel inusitadamente elevado en el mundo, así como por el blanqueo de compras de material militar y ya alcanzaba a 45.000 millones de dólares. El proceso militar entregó al nuevo gobierno democrático un país que en 7 años había sextuplicado su deuda externa, había perdido una parte importante de su industria, y cuyo producto por habitante era ligeramente inferior al que había encontrado en 1976. La experiencia de salida de la política de sustitución de importaciones vía la apertura económica y financiera se saldaba por un desastre. Desgraciadamente, la hipoteca concertada por este fallido experimento iba a condicionar a toda la década del ochenta. Para peor, confirmando el dicho de que el hombre es el único animal que tropieza dos veces con la misma piedra, una experiencia similar, potenciada por las nuevas circunstancias que viviría el mundo, se iba a intentar al principio de la década del noventa.

El país recibió con alegría el retorno a la democracia y la asunción de Alfonsín fue una fiesta. El optimismo reinante llevó al nuevo gobierno a sobreestimar los apoyos externos que pensaba obtendría de las socialdemocracias europeas, y a subestimar los problemas acumulados. Durante el primer año, el ministro Grinspun intentó reeditar la formula que había aplicado el equipo del cual formó parte bajo la presidencia del Dr. Illia, pero las situaciones eran distintas. El intento de reactivar la demanda con política monetaria activa incrementó la inflación, el crecimiento se limitó al primer semestre de 1984 y luego se estancó. El superávit de la balanza comercial si bien era importante no era suficiente para atender la inmensa carga de intereses. El intento de rehabilitar la sustitución de importaciones no tuvo éxito, debido a que la inflación heredada, muy alta, frenaba la recomposición del salario, el mercado interno era insuficiente, y la hipoteca externa potenciaba las dos falencias anteriores y frenaba las inversiones. A pesar de su resistencia Grinspun tuvo que negociar con el FMI para sortear el bache externo y renunció en febrero de 1985. Su sucesor, el Dr. Juan Vital Sourrouille aplicó un plan de ajuste inteligente, el plan Austral, lanzado en junio de 1985 y que consistía en un conjunto de medidas armonizadas: se cambiaba el peso por el austral que luego de quitarle varios ceros a la moneda primitiva se cotizaba a 0,80 por dólar; se aplicaba un programa de disminución de las deudas que vencían a posteriori del lanzamiento del plan, aplicando lo que se llamó el desagio tomando en cuenta que las sumas a pagar incluían una anticipación de inflación que no se correspondía a la realidad que se vivía una vez puesta en marcha la nueva política; el déficit del

Estado se limitaba a 2,5% del PBI y se comprometía financiarlo exclusivamente con crédito, preferentemente interno para eliminar la emisión monetaria; el tipo de cambio se mantenía fijo. El plan fue aceptado por la opinión pública, la recaudación fiscal mejoró mucho, la inflación disminuyó de manera significativa, las inversiones se reactivaron y el PBI volvió a crecer. La población confió en el nuevo plan, y las elecciones legislativas de noviembre de 1985 fueron un éxito para el partido oficialista. Desgraciadamente, la inflación no desapareció y el tipo de cambio se fue revalorizando, lo que en el contexto de deuda externa elevada, obligó ya en abril de 1986 a efectuar pequeñas devaluaciones. La inflación reapareció y con ella, la puja por el ingreso, puja potenciada por los sindicatos peronistas que veían en su accionar combativo una manera de debilitar al gobierno. El Dr. Alfonsín intentó hacer participar del gobierno a la C.G.T. nombrando a un sindicalista en el ministerio de Trabajo. Éste en vez de apaciguar las reivindicaciones actuó como caballo de Troya de la oposición en el gobierno y agravó la puja distributiva. Las elecciones de septiembre de 1987 fueron adversas al gobierno, que perdió la mayoría tanto del Senado como de la Cámara de Diputados. Se había acabado la luna de miel que en los primeros años del retorno de la democracia le concedió al gobierno el apoyo de la mayoría de la población. Todo sería desde entonces más difícil. La inviabilidad de financiar el Estado tal cual se presentaba fue claramente diagnosticada por las autoridades. Éstas intentaron privatizar empresas del Estado como la empresa de teléfonos (ENTEL), Aerolíneas Argentinas y la siderúrgica SOMISA. La privatización que encaraba el gobierno radical asociaba los nuevos vientos capitalistas que soplaban por el mundo, las necesidades de solucionar las penurias del presupuesto, la mejora de los servicios y el mantenimiento del control del Estado sobre las empresas privatizadas. Para ello, recurría a la asociación con grupos empresarios exitosos en los sectores afines. La empresa escandinava SAS se mostró interesada en adquirir un 40% de Aerolíneas Argentinas y operar la compañía desarrollando el turismo entre Europa y nuestro país. Parecía la solución adecuada, pero la oposición justicialista, ahora en mayoría, se opuso tenazmente a toda privatización. En el año 1988, los problemas económicos arreciaron, y en Agosto, un acuerdo con el Banco Mundial permitió al gobierno abrigar la esperanza de llegar con su sector externo cubierto a las elecciones de mayo de 1989. Sin embargo, los mercados financieros se tensaron a medida que avanzaba la campaña electoral y que el candidato el Justicialismo, el Dr. Carlos Menem, hablaba de "salariazo" y de una vaga "revolución productiva" sin definir ninguna medida concreta. Cuando las encuestas indicaron que podía ganar las elecciones frente al candidato oficialista Eduardo Angeloz que con su prédica sobre el "lapiz rojo" para recortar los gastos del Estado y cambiar las estructuras del país aparecía como el más conservador, se produjo un ataque contra el peso. El Banco Mundial retiró su apoyo al gobierno, probablemente para no malquistarse con los probables ganadores, y ante la pérdida de divisas que se fugaban del país, el gobierno devaluó el 6 de febrero. Esta devaluación fue considerada insuficiente, e inició una feroz puja entre el valor del dólar los salarios y los precios que potenció la inflación que ya alcanzaba el 78,4% en mayo de 1989, el mes de las elecciones presidenciales. La suerte de las mismas estaba echada por el contexto desastroso en que se desarrollarían, contexto muy desfavorable para las autoridades.

La poco exitosa gestión del gobierno radical no fue facilitada, a partir de 1987 por el clima político. Desde el inicio de su mandato, las autoridades decidieron resolver el problema de la represión ilegal que se había llevado a cabo durante la anterior dictadura militar.

Decidieron juzgar a los responsables máximos, los integrantes de las juntas de Comandantes en Jefes que fueron condenados a prisión en un juicio histórico. Se creó una comisión de notables, la CONADEP, que recibió los testimonios de los parientes de las víctimas de la represión lo que permitió que el país fuera conociendo la magnitud de los enfrentamientos y de los abusos cometidos. Pero el juicio a los responsables máximos fue considerado insuficiente por los parientes de los desaparecidos que amenazaban con iniciar juicios contra militares de menor graduación que sospechaban eran los responsables directos de la muerte de sus familiares. Inversamente se creó un ambiente de tensión en las fuerzas armadas, especialmente el ejército, que culminó con dos sublevaciones, una en Semana Santa de 1987 y otra en noviembre de 1988. En los dos casos, el gobierno pudo sofocar los movimientos sediciosos con el apoyo masivo de las fuerzas políticas y de la población, lo que consolidó la democracia restablecida. Sin embargo, para poner fin a lo que los militares consideraban un revanchismo sin límites, el gobierno dictó las leyes de Obediencia Debida y la de Punto Final, que hacían recaer la responsabilidad de todo lo sucedido sobre las máximas autoridades de cada una de las armas. Para colmo, por causas nunca bien establecidas, un grupo subversivo copó en enero de 1989 el regimiento de la Tablada. Éste fue recuperado por una acción del ejército y de la policía de la Provincia de Buenos Aires que costó muchas vidas humanas. Este ataque subversivo afectó el clima político, si bien confirmaba la capacidad de un gobierno democrático de mantener el orden.

El gobieno estaba jaqueado por los esfuerzos para superar las heridas de la represión ilegal no siempre bien entendidos por la opinión pública, tanto de un bando como del otro. También por un balance económico sumamente pobre, fuertemente desdibujado por la inflación galopante justo en los meses previos a las elecciones. Su imagen constituía un problema para el candidato del partido radical. El Dr. Carlos Menem ganó las elecciones y su entorno hizo declaraciones imprudentes que potenciaron la inflación, acompañada por una fuerte recesión como consecuencia de la fuga de divisas y de la pérdida de confianza de los inversores. Hubo unos meses de crisis profunda en que aumentaron la desocupación y la pobreza, si bien a niveles todavía muy lejanos a los que desgraciadamente conocerían diez años más tarde. Estaba claro que el gobierno saliente no podía administrar correctamente el país durante el plazo excesivamente largo que mediaba entre las elecciones de mayo y la asunción del poder en diciembre. El ministro de Obras Públicas, Rodolfo Terragno fue designado por el presidente Alfonsín para negociar con el Dr. Menem un adelantamiento de la entrega del mando, la cual tuvo lugar el 8 de julio. Se trata de una fecha histórica ya que era la primera vez en casi medio siglo, que un gobierno democrático entregaba el poder a su sucesor elegido en comicios inobjetables.

El gobierno radical intentó volver al esquema sustitutivo de las importaciones, pero éste no pudo desarrollarse debido a la enorme deuda externa acumulada que condicionó el desempeño de la economía. Conviene recordar, que el caso de la Argentina no era aislado. En la década del 80, toda América Latina proveyó fondos a los países prestamistas, a razón de un 4% de su producto bruto anual, lo que era una carga más pesada que la impuesta a Alemania después de la primera guerra mundial y que Keynes consideró incumplible.[5] Si bien es cierto que el Producto por persona disminuyó levemente durante el gobierno radical, también es cierto que no hubo desocupación, salvo en el breve período previo a la entrega del poder la que fue rápidamente reabsorbida.

[5] Gerchunoff Pablo, Llach Lucas: *El ciclo de la ilusión y el desencanto.* Ariel Sociedad Económica, 1998.

También disminuyó la cantidad de personas con necesidades básicas insatisfechas. El Dr. Juan José Llach reconoce que:

"Una explicación es que la disminución de las necesidades básicas insatisfechas haya obedecido al aumento del gasto público social a lo largo de la década del ochenta. En efecto, dicho gasto como proporción del PBI en el período 1984-1988 fue casi dos puntos superior al de 1980-1983, con incrementos en educación y, en menor medida, también en vivienda, siendo estos dos sectores relevantes en la medición de las necesidades básicas insatisfechas".[6]

Limitado por la deuda externa heredada, el gobierno radical no pudo hacer crecer el país, pero al incrementar el gasto público social preservó el capital humano. Este resultado importante, y el haber consolidado el régimen democrático, son los dos activos que la historia reconocerá al período del Dr. Raúl Alfonsín.

Antes de analizar los pasos del Dr. Carlos Menem que asumió su cargo el 8 de julio de 1989, para entender los fundamentos de su política, es necesario que nos dediquemos en el próximo capítulo a describir, aunque sea someramente, cúal era la situación del mundo y el pensamiento dominante en los centros económicos del planeta. Esto supone internarnos en lo que comunmente se llama la globalización.

[6] Llach Juan, *Otro siglo, otra Argentina*, Ariel Sociedad Económica, 1997.

CAPÍTULO 2

LA GLOBALIZACIÓN

Para comprender la situación del mundo a fines de los años ochenta, tenemos que intentar entender la evolución de la economía mundial desde la posguerra. A partir del año 1945, se desarrolló un capitalismo administrado en los Estados Unidos y, con más intensidad, en el resto del mundo occidental. La reconstrucción europea por intermedio de la importante ayuda norteamericana proporcionada por el plan Marshall, inició un período de sostenido crecimiento económico en Europa occidental. Allí floreció el llamado Estado de Bienestar. Éste intervenía en la economía y legislaba para armonizar las relaciones entre las empresas y sus trabajadores. También se aseguraba una importante distribución del incremento de la riqueza además de brindar atención sanitaria y una educación gratuita en los tres niveles de enseñanza. La creación de los organismos multilaterales de crédito como el FMI y el Banco Mundial, en donde los Estados Unidos desempeñaban un papel prioritario, marcó las reglas de juego financieras en el mundo de posguerra. La amenazante presencia de la Unión Soviética, ex aliada de los países occidentales durante la segunda guerra mundial, en las fronteras mismas de la Alemania dividida, constituía un poderoso estímulo para que los Estados Unidos favorecieran un desarrollo armónico de los países europeos. El crecimiento sostenido del PBI, del comercio mundial, una inflación manejable y la ausencia de desocupación duró aproximadamente 30 años, hasta 1975. Esto llevó al economista francés Jean Fourastié a describir este feliz proceso en un libro cuyo título se puede traducir como *Los treinta gloriosos o la revolución invisible.*[7]

En agosto de 1971, el presidente Nixon decretó la inconvertibilidad del dólar. Los bancos centrales no podían ya, desde entonces, canjear sus dólares contra las reservas de oro de Fort Knox, lo que había hecho abundantemente la Francia de Charles De Gaulle. El dólar siguió siendo la moneda de reserva del mundo, pero la pérdida de la convertibilidad, aún con las limitaciones que tenía, significó un golpe a la credibilidad del orden financiero internacional. Se inició un largo período de volatilidad de los tipos de cambio y de incremento de las tasas de interés, que pusieron a prueba las estructuras multilaterales de crédito. En 1973, a raíz de la guerra árabe israelí, se decuplicó el precio del petróleo, la principal fuente de energía de la cual dependía la marcha de la economía mundial. En 1979, la OPEP o cartel de los productores de este combustible duplicó el nuevo y altísimo precio. A la volatilidad financiera, se agregó la multiplicación por veinte en 6 años de la materia prima esencial de la economía real. Los costos de producción se vieron afectados y para muchos países también las balanzas de pagos. La inflación se aceleró, se incrementaron las tasas de interés, e incipiente, reapareció la desocupación. Estos desequilibrios demostraban que el capitalismo administrado no funcionaba tan perfectamente como en los inicios de su aplicación y llevaron a la reaparición de políticas económicas liberales. Ya en el año 1980, con Margaret Thatcher en Inglaterra y

---

[7] Fourastié Jean, *Les trentes glorieuses ou la revolution invisible*, Librairie Arthème fayard, 1979.

Ronald Reagan a punto de ser elegido en los Estados Unidos, se desregularon los mercados financieros y bursátiles y se inició la desarticulación parcial del Estado benefactor. Se privatizaron en Inglaterra la mayor parte de los servicios públicos y creció el rol de las finanzas. Este último aspecto, estaba en línea con la rehabilitación de las ganancias empresarias como motivación esencial del emprendimiento capitalista. Se volvió a dar prioridad al rendimiento del capital sobre toda otra consideración de tipo social. Se tendió a minimizar las consecuencias sociales de este tipo de proceder con el pretexto de que, como lo explicaba didácticamente el entonces Canciller alemán Helmut Schmidt, "las ganancias de hoy son las inversiones de mañana las que crearán los empleos de pasado mañana". Como en este aforismo los días equivalían a años, no parecía importar demasiado lo que pasaba socialmente en los años que transcurrían entre la realización de las ganancias y la efectiva creación de los nuevos empleos. De hecho la desocupación aumentó fuertemente en Europa, pero los Estados comprendieron la necesidad de establecer seguros de desempleo que contuvieran económicamente a los afectados. Las repercusiones psicológicas y sociales sobre millones de hombres sin trabajo no fueron analizadas debidamente.

La caída del muro de Berlín en noviembre de 1989, apenas 4 meses después de la asunción de la presidencia por Carlos Menem, terminó con el mito comunista y desprestigió a los movimientos sindicales reivindicadores. Sin rivales sociales, los capitalistas neoliberales pudieron aplicar sus recetas con mayor comodidad. Por otra parte, el fracaso de una experiencia socialista lanzada a destiempo por la Francia del presidente Francois Mitterand, entre 1981 y 1983 en que tuvo que ser ampliamente enmendada, reforzó la tendencia que se expandía en toda Europa. Estaban dadas las condiciones para que se corporizara, a fines de los ochenta, lo que se llamaría el Consenso de Washington, es decir una serie de recomendaciones de políticas favorables al libre juego de la oferta y la demanda en todo el mundo. Es sobre ellas que basarían sus intervenciones los organismos multilaterales de crédito, y que frecuentemente se conocerían a partir de la segunda mitad de los noventa, como el "pensamiento único". Esta nueva concepción de la economía asociada al incremento del comercio mundial y al libre movimiento de los capitales es lo que comunmente se denomina como "globalización".

El incremento del comercio mundial arrancó en la posguerra como resultado de la firma en 1947, por solamente 18 países, del GATT, sigla en inglés del (Acuerdo General de Comercio y Aranceles Aduaneros), que se comprometieron a liberalizar el comercio entre ellos en base a pautas progresivas. De a poco se fueron sumando países, primero lentamente y luego a un ritmo mucho mayor. En abril de 1994, el GATT se transformó en la Organización Mundial de Comercio (OMC) a la que adhirieron la mayor parte de los países en la conferencia de Marrakesh. La reciente incorporación de China en 2004, un país gigante en plena expansión económica, refuerza el papel de este organismo sucesor del GATT. Este primer organismo rector de la libertad de comercio mundial, a pesar de sus imperfecciones, permitió un fuerte y sostenido incremento del intercambio internacional. Éste creció sistemáticamente a un ritmo mayor que el producto bruto mundial. El fuerte incremento que en la posguerra conocieron las inversiones de los países centrales, en las primeras décadas sobre todo de los Estados Unidos, en los países periféricos, facilitó el incremento del comercio internacional.

Al principio se instalaron filiales de las compañías de los países centrales en los países periféricos de cierta importancia para abastecer los mercados locales todavía cerrados. Para ello requerían importantes cantidades de insumos importados, así como repuestos para las máquinas. A medida que se fue liberando el comercio mundial, las inversiones de las grandes compañías occidentales no se limitaron al abastecimiento de mercados locales, sino que invirtieron en países con mano de obra barata para reexportar al resto del mundo. Poco a poco, se concretaron las deslocalizaciones, cuyo caso extremo es el de la empresa occidental que cierra todas sus plantas en los países desarrollados para instalarlas en países con costos de producción mucho más favorables. Estas inversiones directas, fueran o no asociadas a deslocalizaciones, permitieron un fuerte crecimiento de los países elegidos para recibirlas. De esta forma, en la década de los setenta, fueron apareciendo los primeros países "emergentes".

Los progresos tecnológicos, esencialmente la informática asociada a las telecomunicaciones, permitieron que en pocos años, a partir de la segunda mitad de los ochenta se produjera una impresionante disminución en los costos de las comunicaciones, que se fue consolidando año tras año. La aparición del fax que hizo posible la transmisión escrita instantánea por la via telefónica cambió las costumbres comerciales, tendencia que se consolidó en la segunda mitad de los 90 con la progresiva generalización del correo electrónico y de Internet. Estos sistemas de comunicaciones técnicamente revolucionarios y con un costo bajo y decreciente, junto al abaratamiento de los transportes tanto aéreos como marítimos, permitieron el incremento de las inversiones en los países emergentes y el fuerte crecimiento del comercio mundial.

La liberación de los movimientos de capitales se acentuó drásticamente en los noventa en que cambió el rol de los bancos en el sistema financiero internacional. La aparición de grandes fondos de inversión, que se sumaron a los fondos de pensión o los de las compañías de seguro de vida fue quitando espacio a los bancos como tradicionales financiadores de los emprendimientos empresarios. Cada vez más se sustituyó el crédito bancario por la emisión de bonos empresarios adquiridos por los fondos de inversión. Los bancos disminuyeron su participación en el financiamiento de las empresas e incrementaron su intervención en los mercados financieros. Estos se expandieron, porque se dio lo que se llamó el proceso de *securitización*, que viene a ser la transformación en un título vendible en el mercado financiero de cada vez más activos que parecían inmovilizables. Prácticamente no existen activos cuyos títulos representativos no puedan cotizarse en los mercados bursátiles del mundo. La máxima sofistificación de los mercados fue alcanzada por el auge de los derivados, que son títulos que basan su nombre en el hecho de que representan el valor de un índice compuesto por la cotización de varios títulos (índice de la Bolsa, de los mercados de las materias primas, de los niveles de las tasas de interés, de las relaciones cambiarias entre varias monedas) por ejemplo. Su valor depende de la evolución de cada uno de los índices que componen la mezcla a la cual están atados. Estos papeles derivados suponen un nivel de abstracción de segundo grado que deriva de los índices primarios sobre los que se apoyan, que encanta a los especuladores que se dejan tentar. Como todo mercado de futuro, muchos de los derivados cumplen funciones económicas concretas al permitir a los operadores del mercado internacional fijar con anticipación el valor de sus operaciones. Sin embargo, el excesivo incremento de los productos disponibles ha facilitado el auge de las operaciones puramente especulativas y le ha dado la prioridad a la actividad financiera sobre la actividad económica. Es así como se manipulan esos títulos diariamente por alrededor de 100 veces el monto de las transacciones económicas reales que se realizan en el comercio internacional. Por fin el notable incremento que conocieron estos fondos, a pesar de las crisis bursátiles que los afectaron, permitieron a sus administradores invertir en acciones y bonos de compañías en un nivel suficientemente importante para hacerse escuchar en los órganos directivos de las mismas. Se puede decir que la financiarización que acompañó a la globalización fue fundamental para cambiar la mentalidad de los directivos de las empresas. Éstos se vieron presionados por los fondos para que prioricen la rentabilidad en general y frecuentemente de corto plazo. Esto explica que la lógica puramente economicista propia de los mercados financieros hiciera irrupción en la producción real, con todas las consecuencias positivas y negativas que derivaron de esta nueva actitud. Antes, la empresa era un instrumento que remuneraba el capital y cumplía fines sociales. Ahora, en la era de la globalización, la empresa sólo tiene sentido si maximiza las ganancias del capital invertido en ella. La ganancia en sí misma pasa a ser un fin, y los fines sociales de la empresa pasan a un lejano segundo plano. Esta lógica llevó a minimizar el rol del Estado en la economía. En muchos países europeos empezó a retirarse de las actividades económicas que administraba, siendo el caso paradigmático la Inglaterra de Margaret Thacher. También se legisló para flexibilizar las leyes laborales y reducir los impuestos sobre las ganancias empresarias. Este último punto tuvo más éxito que el primero ya que en varios países europeos la resistencia de los trabajadores frenó el proceso. De todas maneras, el fuerte desarrollo de los elementos que caracterizan a la globalización y la competencia de los mercados emergentes, llevaron a que se impusiera en el mundo esta nueva mentalidad. Los franceses la llamaron "pensamiento único" y se plasmó a fines de los ochenta en lo que se llamaría el Consenso de Washington.

El primer fundamento del Consenso de Washington o del "pensamiento único", del cual se deducen todos los demás consiste en afirmar que la asignación de los recursos por el mercado es siempre muy superior a la que surge por intervención del Estado en cualquier condición. Como corolario lógico, considera que los emprendimientos económicos deben ser llevados a cabo mediante la libre contratación de los factores, que son esencialmente el capital y el trabajo. El capital financia y organiza la producción, invirtiendo en la maquinaria y los elementos necesarios para la producción. El trabajo representa a la mano de obra, seres humanos de carne y hueso, que activan las máquinas de acuerdo a un esquema productivo determinado por los dueños del capital. Debe obtenerse la menor intervención posible, en esta relación, de reglamentos o normas dictadas por los poderes públicos y asegurar la mayor libertad de intercambio de mercadería y capitales entre los distintos países. Esta visión de la realidad económica, lleva a priorizar el rendimiento del capital sobre toda otra consideración y especialmente a minimizar las consecuencias sociales de esta forma de proceder. La experiencia vivida enseña que éstas son principalmente el incremento de la desocupación, la disminución, en términos relativos de las remuneraciones de los trabajadores menos calificados, y la disminución, también en términos relativos, del poder de compra de las clases medias. El lógico resultado de la vigencia de los dos puntos anteriores, es una fuerte concentración de la riqueza y por consiguiente del poder económico. La disminución del poder de compra de los operarios menos calificados fue muy bien descripta por Robert Reich, que fue ministro de trabajo de Bill Clinton en los Estados Unidos. En su libro *"El trabajo de las naciones"* nos explica como van mejorando sus ingresos los que él llama los "trabajadores simbólicos", o sea los que tienen una buena preparación intelectual que les permite trabajar con conceptos abstractos para entender y manejar la realidad.[8] Ellos son los

[8] Reich B. Robert, *El trabajo de las naciones*, Javier Vergara editores, 1993. Título original, *The Work of nations*, Vintage Books, A Division of Random House, 1991.

que se quedan con una porción cada vez mayor de la masa salarial, en detrimento de la remuneración de los operarios pocos calificados. Esto se traduce, aún en las Estados Unidos sin duda el país más próspero del mundo, en la existencia de trabajadores pobres que se ven marginados económicamente. Pero a esta brecha entre los trabajadores simbólicos y los otros, se agregó una desigualdad cada vez mayor entre la renta del capital, la remuneración de los puestos gerenciales de mayor nivel, que son los que administran directamente el capital invertido en el mercado, y la masa salarial, tanto la destinada a los trabajadores simbólicos como a los no calificados. Este proceso de premio a los más capaces llevó la desigualdad salarial a su punto máximo a principio del siglo XXI.[9] Las diferencias excesivas de remuneraciones llevan a que la minoría bien paga lleve una vida llena de ventajas económicas de tal nivel, que sus beneficiarios pierden contacto con la realidad en la que vive la enorme mayoría de sus conciudadanos. También van perdiendo sensibilidad ante los padecimientos de seres que viven en condiciones tan distintas. Por fin, tienden a subestimar la importancia de éstos y a sobrevalorar sus propias aptitudes para justificar sus increíbles ventajas. Todos estos son problemas que pueden llegar a tener consecuencias serias en la conducción de las democracias occidentales.

A pesar de estos problemas, el impactante cambio tecnológico que modificó radicalmente las condiciones de trabajo ha dejado atónita a la opinión pública. Ésta se maravilla de los progresos de los productos y de los servicios y no atina a reaccionar ante las consecuencias sobre la desocupación y la repartición del ingreso de las nuevas condiciones de desempeño de la economía mundial. Por otra parte en los países del primer mundo, especialmente en Europa, la desocupación sigue atendida por el Estado que frena la marginación de

---

[9] Krugman Paul, *The New York Times*, 11 de febrero de 2004.

los que se han quedado sin trabajo. Tampoco, ni siquiera en los Estados Unidos, el Estado ha abandonado su rol de coordinador de las políticas económicas, ni su acción social que es mucho mayor a lo que la gente cree en nuestro país. Por fin, la libertad de mercados defendida, tanto por los representantes europeos como por los de Estados Unidos, no siempre es una realidad en estos países. Así lo demuestran los enormes volúmenenes de los subsidios agrícolas y las políticas proteccionistas puntuales, adoptadas cuando las importaciones de los países emergentes amenazan demasiado a un sector productivo en particular. Esto lleva al pensador y jesuita francés, Jean Yves Calvez a calificar de hipócrita a la globalización.[10]

El proceso de globalización que se aceleró en los noventa al compás de los adelantos tecnológicos y de la conquista de las mentes por el pensamiento único, siguió una dinámica impuesta por los centros financieros y económicos del mundo. El proceso no fue parejo para los capitales de los países más desarrollados y para los de los emergentes como lo demostraron las costosas crisis financieras y económicas vividas en México en 1994, en Asia en 1997, en Rusia en 1998, en Brasil en 1999, y en Argentina a principios del 2002. Manuel Figueroa, directamente lo define:

"Como los procesos que en los últimos 50 años transmutaron y transportaron, en la consciencia colectiva, el clásico concepto de imperialismo hasta la noción mediática contemporánea de globalización."[11]

Sin duda la globalización fue impulsada por los países centrales porque les convenía, lo que no significa

[10] Calvez Jean Yves, "La palabra liberal se usa muy mal", *La Nación*, 15 de septiembre de 2004.
[11] Manuel Figueroa, *La economía del Poder*, Eudeba, 1998.

que para muchos países emergentes, que supieron adaptarse a las nuevas reglas de juego, sin dejarse absorber por ellas, como en el caso de Chile, las ventajas no fueran compartidas. Sin embargo, cuando los países renuncian a defender su identidad productiva y se sumergen ingenuamente en el nuevo proceso, el resultado suele ser negativo, o en el plano económico o en el plano social. En la mayoría de los países de América Latina, la década de los noventa fue acompañada por un correcto incremento de la actividad económica, pero como ésta fue simultánea a un incremento de la desigualdad y de la probreza, el balance no puede calificarse de positivo. La Argentina, aceptó *in totum* las recomendaciones del Consenso de Washington, y conoció un pobre crecimiento económico entre 1990 y 2002 y un feroz incremento de la pobreza y la marginación a fines del siglo XX y principios del XXI. Es el caso típico de un país globalizado, o sea al que se le han impuesto políticas que favorecían a los inversores pero que demostraron ser destructivas para la estructura económica y el capital social del país. Ante la nueva moda económica, el gobierno de Carlos Menem que asumió en Julio de 1989, no intentó negociar un ingreso inteligente en el mundo. Capituló sin condiciones lo que se reflejó en lo que el canciller Guido Di Tella llamaba "las relaciones carnales" con los Estados Unidos. Es así como nuestro país se colocó en el centro del proceso de la globalización, sin ningún recaudo, de tal forma que absorbió lo mejor y lo peor de la misma. Desgraciadamente, en la forma en que nuestro país se dejó globalizar, lo peor demostró superar ampliamente a lo mejor. Es este proceso que analizaremos en el próximo capítulo.

CAPÍTULO 3

DE LA HIPERINFLACIÓN A LA DEFLACIÓN: EL GOBIERNO DE CARLOS MENEM: JULIO 1989 A DICIEMBRE DE 1999

Carlos Menem se dio cuenta que su discurso populista, si bien le había ayudado a ganar las elecciones, no le permitiría gobernar ya que los temores que había engendrado eran responsables de un fuerte deterioro de la situación. Se acercó a los partidos de centro derecha, y confió el manejo de la economía a un alto ejecutivo del grupo Bunge y Born que para la opinión pública, encarnaba la gran empresa capitalista en la Argentina. El ministro Rapanelli y su equipo, luego de una nueva devaluación, controlaron durante 5 meses la inflación pero fueron rebasados por el peso de la deuda, y la espiralización de las tasas de interés en gran medida consecuencia del exagerado déficit fiscal. El dólar financiero libre, se apartó brutalmente en diciembre de la cotización oficial y su escalada parecía, nuevamente, no tener fin. Ante estas circunstancias adversas, Rapanelli renunció y asumió el cargo un hombre de confianza de Menem, el Dr. Erman Gonzalez. Éste, aconsejado por Alvaro Alsogaray, titular de un partido de centro derecha y ex ministro de economía, muy respetado por el establishment, adoptó una drástica decisión. El 1 de enero de 1990, para evitar que el estado emita masivamente moneda para devolver los depósitos a plazos muy cortos que los bancos habían debido aceptar a tasas de interés de 3 dígitos en la última semana de diciembre, bloqueó este tipo de imposición financiera. Se entregó a los depositantes que habían operado en pesos bonos en dólares por el monto de sus depósitos más los intereses congelados al último día hábil de 1989. El tipo de cambio retenido de 1800 pesos por dólar, era el vigente a fin de diciembre de 1989, y los BONEX brindaban un correcto interés en dólares. La drástica medida era realista, se evitó una hiperinflación inmanejable, mientras que al mantenerse sin cambio las cuentas a la vista, la actividad económica siguió su curso con las limitaciones de una fuerte merma del crédito bancario. Los BONEX fueron para sus tenedores un pésimo negocio a corto plazo y uno excelente a mediano plazo. Luego de una nueva y fuerte devaluación en el primer trimestre de 1990, el Banco Central supo mediante una política de tipo de cambio fluctuante, aprovechar el fuerte excedente de la balanza comercial para reducir la inflación. Pero el déficit fiscal seguía siendo elevado y la confianza sólo se había recuperado superficialmente. Eso a pesar de las medidas promercado que estaba adoptando el gobierno, como la ley de desregulación de las actividades económicas y varias privatizaciones de empresas públicas que permitían prever importantes ingresos fiscales.

A fines de 1990, que debido a la crisis cambiaria y financiera de las primeras semanas terminó con una inflación de 1.340%, las presiones sobre el peso se tornaron inmanejables y en febrero de 1991, Menem nombró a su canciller, Domingo Cavallo, en el ministerio de economía. Devaluó hasta 10.000 australes por un dólar e intentó manejarse con las medidas clásicas, pero no pudo evitar que la inflación se incrementara en un 37% en los dos meses de febrero y marzo. Convenció a Menem de la necesidad de cambiar de política, y el 1 de abril de

1991 entró en vigencia la ley 23.928 de convertibilidad. Ésta, sancionada el 27 de marzo por el Parlamento ató la paridad del peso a la del dólar. Se prohibía la emisión monetaria para otro motivo que no fuera la compra de divisas y se determinaba que las reservas del Banco Central constituían el respaldo de la circulación monetaria. No podían ser utilizadas para ningún otro fin y por lo tanto pertenecían a los tenedores de la moneda local. Se obligaba al Banco Central a tener reservas en dólares equivalentes al 80% de la circulación monetaria, pudiendo el otro 20% estar cubierto por títulos públicos en dólares. La nueva paridad se fijó en 10.000 australes por dólar y el cambio de moneda de austral a peso se hizo a la relación de un peso por 10.000 australes. Por lo tanto la paridad con el dólar pasaba a ser de uno a uno lo que sicológicamente tenía su importancia. La apertura irrestricta del comercio exterior, con la eliminación de las retenciones a las exportaciones y la fuerte disminución de los aranceles de importación buscaba abrir el país al mundo, al conectar bruscamente la economía nacional con la economía mundial. La ley de desregulación ya sancionada, las privatizaciones, algunas concretadas y otras en marcha, y la apertura del mercado financiero que permitía la libre circulación de los capitales, completaban el dispositivo.

La Argentina gobernada teóricamente por un partido populista, había aplicado en pocos meses la totalidad de las recomendaciones del Consenso de Washington. Es cierto que el mundo estaba cambiando, y la mayoría de los países emergentes también aplicaron estas recetas, pero casi todos lo hicieron parcialmente. Chile se las ingenió para mantener gran parte de la explotación del cobre y de la comercialización del petróleo en manos del Estado. Brasil aplicó parcialmente las recomendaciones a la vez que estiraba en el tiempo el cumplimiento de las mismas. La única nación que aplicó la receta *in totum* y prácticamente de una sola vez fue la Argentina. Pero además, le agregó una innovación que no estaba contemplada por el Consenso de Washington, el establecimiento de una especie de caja de conversión para administrar una paridad fija del peso con el dólar, la convertibilidad. Esta innovación hubiera tenido sentido durante un par de años para aquietar la inflación. Al ser aplicada ininterrumpidamente durante 11 años, este aditivo autóctono tuvo la virtud o el defecto, según como se lo mire, de potenciar al extremo, las consecuencias de por sí traumáticas de la demasiado veloz inserción en la globalización.

Desde su inicio la nueva política redujo drásticamente la inflación y potenció la recuperación de la actividad. Menem que a principios de 1991 había perdido su capital político, lo vio recuperarse rápidamente de la mano de las buenas perspectivas de la economía, manejada por su nuevo superministro Domingo Cavallo. En 1994, para capitalizar su buena imagen, decidió modificar la Constitución para que se le autorizara la reelección. La oposición, esencialmente el partido radical, se opuso pero luego de largas negociaciones en que intervino el ex presidente Raúl Alfonsin aceptó la reforma que fue votada por la mayoría absoluta requerida. Dada la relación de fuerzas existente entonces entre el justicialismo y el radicalismo es probable que el acuerdo, al que accedió el Dr. Alfonsín, haya sido razonable para evitar al país males mayores. La nueva Constitución limitó el mandato presidencial a 4 años con una reelección luego del primer mandato. También daba al presidente saliente la posibilidad de volver a presentarse después de un periodo. La creación de un Consejo de la Magistratura para dar mayor garantía a la elección de los jueces, y la aparición de la figura del ministro jefe de gabinete, que con el tiempo podía llegar a ser útil para superar momentos de crisis, son algunas de las variantes más significativas aportadas por la nueva Constitución de 1994. En mayo de 1995, Menem fue reelecto con la mitad de los votos y terminó su mandato en diciembre de 1999, con una bajísima imagen ante la opinión pública. La crisis que se había iniciado a fines de 1998, puso en primera plana los actos de corrupción que acompañaron los once años de gestión. Asimismo salieron a la luz los graves problemas sociales que se fueron acumulando durante su mandato. Un breve análisis de las consecuencias económicas y sociales de la aplicación de la convertibilidad conjuntamente con la puesta en práctica de la totalidad de las medidas preconizadas por el Consenso de Washington nos permitirá entender el estado de ánimo que se adueñó de la opinión pública en 1999.

El inicio de la convertibilidad desde 1991 fue muy favorable y permitió computar cuatro años con un crecimiento promedio del 7% anual acumulado que incrementó el PBI en cerca de 35% entre fines de 1990 y fines de 1994. Fueron los años de gloria en que sin ninguna mesura, y con una absoluta falta de capacidad crítica, las autoridades convencieron al pueblo argentino de que el "exitoso modelo" lo llevaba a incorporarse al prestigioso club de los países del primer mundo gracias a un crecimiento que sería duradero. Desgraciadamente, a los felices cuatro años iniciales, les sucedieron siete años turbulentos, algunos de los cuales fueron de pesadilla. En esta segunda fase de la convertibilidad, hubo tres ejercicios de crecimiento, los de 1996, 1997 y 1998, y cuatro de recesión, los de 1995, 1999, 2000 y 2001. El ingreso nacional a fines de 2001 era inferior en un 8% al de 1997, y el ingreso por cabeza había caído en un 13%. Ningún país de nuestro continente ni del resto del mundo entre las naciones medianamente desarrolladas, conoció un retroceso tan profundo. Es cierto que salvo la excepción de Hong Kong, ninguno tenía una economía regida por el mecanismo del cambio fijo que supone el régimen de la convertibilidad.

Los primeros años del nuevo mecanismo fueron particularmente felices, porque coincidieron con una gran disponibilidad de capitales en los centros financieros del mundo, en donde las tasas de interés se encontraban en niveles particularmente bajos. El diferencial de tasas que ofrecía la Argentina, además de las inversiones sumamente rentables en los servicios privatizados, atrajeron importantes volúmenes de fondos externos. Éstos permitieron una remonetización del país y el renacimiento del crédito lo que movilizó la actividad econonómica que conoció cuatro años de fuerte desarrollo. Sin embargo el hecho positivo del desarrollo de la actividad, no impidió que se produjeran inquietantes desajustes, los cuales estaban ligados a la existencia del mecanismo de Caja de Conversión en aplicación.

El primero de ellos fue la distorsión de precios relativos que llevó a que el crecimiento de la actividad económica se realizara de manera distinta para los bienes transables que para los no transables. Los bienes transables de producción nacional, que como su nombre lo indica son comercializables internacionalemente, se vieron rápidamente confrontados con la competencia de las importaciones. Éstas se volvieron competitivas por las fuertes rebajas de aranceles y la revaluación de la moneda. Los precios de este tipo de bienes locales se vieron acotados. Al contrario, los bienes no transables, o sea los servicios, espoleados por el incremento del crédito y por lo tanto de la demanda, se incrementaron de acuerdo a la ley básica de la oferta y la demanda. Con el agravante, de que una proporción importante de los servicios, de hecho los servicios esenciales, que constituyen insumos para los productores de bienes transables, como la provisión de gas, y el servicio telefónico, vieron incrementadas varias veces sus tarifas. Esto se debió a los generosos contratos de privatización de las ex empresas del Estado. Además, aparecieron nuevos costos, como el correspondiente a los peajes en las rutas. Sensible desde el origen del plan, la distorsión de precios relativos se fue agravando con el correr de los años, a medida que los servicios privatizados aplicaron las cláusulas de indexación sobre los índices de precios de los Estados Unidos que los favorecían en exclusividad. Los demás servicios pudieron beneficiarse de la demanda proveniente del incremento del ingreso nacional, ajustando sus precios. En los 10 primeros años de vigencia del modelo analizado, los precios de los bienes transables se incrementaron un 10%, mientras que los precios de los no transables conocieron un aumento de un 80%. Para dar un ejemplo, el fabricante de zapatos vio sus precios prácticamente congelados por el mercado, mientras que el peluquero podía duplicar cómodamente el valor de cada corte de pelo. Esta distorsión de precios relativos tuvo varias consecuencias. En primer término las empresas más débiles de los sectores más vulnerables del sector de bienes transables se vieron asfixiadas y muchas de ellas obligadas a cerrar. Estos cierres fueron justificados, en algunos casos, por exagerada desactualización tecnológica. No lo fueron en muchos otros en que simplemente las unidades productivas se vieron confrontadas con demasiada velocidad a un nuevo escenario hipercompetitivo que no les permitió adaptarse. El resultado fue un incremento del flagelo social que es la desocupación. En segundo lugar, de acuerdo a las orientaciones que los precios del mercado enviaban a los inversores, los nuevos emprendimientos se concentraron en el área de los servicios. Éstos crecieron y se modernizaron, mientras que la inversión en bienes transables se reducía y se orientaba en proyectos de armaduría con poco valor agregado. Hay que notar que esas dos consecuencias tuvieron un importante efecto sobre los flujos del comercio exterior, como lo veremos al analizar el comportamiento de la balanza comercial durante la vigencia del modelo de la convertibilidad. Es también necesario destacar que este mecanismo distorsivo de los precios relativos se vió potenciado por el comportamiento dispar que asumían las paridades cambiarias en el resto del mundo. Mientras que el peso argentino se mantuvo firmemente unido al dólar durante los casi 11 años de vigencia del sistema, ya a fines de 1992 se verificaron importantes procesos devaluatorios de dos dígitos en varios países importantes de Europa, como Gran Bretaña, España e Italia. En 1997, juntamente con la crisis asiática, se hundieron los tipos de cambio de los países de la región con excepción de la moneda de Hong Kong. Por fin, desde principio de 1999, los costos de los bienes transables argentinos sufrieron el embate combinado de la devaluación de un 60% del real brasileño, y la depreciación de un 30% del euro, luego de la efímera valorización que acompañó el lanzamiento de esta última moneda a fines de 1998.

El segundo gran desajuste de la convertibilidad correspondió al déficit estructural de las cuentas externas. En efecto cuando el mecanismo de la convertibilidad se implementó, el país venía de varios años de fuertes superávits comerciales. En 1990, el superávit había sido espectacular con una cifra de 8.000 millones de dólares. Con la fijación del tipo de cambio y la apertura de las fronteras, se produjo un marcado incremento de las importaciones. Éstas se duplicaron en los dos primeros años, por lo que en 1992, ya eran 4 veces superiores a las de 1990. En los años siguientes, el crecimiento de las importaciones perdió su vigor inicial, pero siguió siendo significativo en todos los ejercicios con crecimiento. A la inversa, las exportaciones se mantuvieron estancadas los tres primeros años y recién empezaron a crecer de manera significativa en 1994. Durante los tres años en que se estancaron, el increíble dinamismo de las importaciones llevó a un déficit creciente de la balanza comercial, el cual alcanzó su pico en 1994 con un saldo negativo de más de 5.000 millones de dólares. La recesión de 1995, consecuencia de la crisis mexicana, hizo descender el nivel de las importaciones, mientras que las exportaciones aumentaron fuertemente debido a la revaluación de la moneda brasileña y los elevados precios internacionales de los *commodities* que exportaba el país. Por primera vez después de tres años la balanza comercial conoció un superávit de 2.300 millones de dólares, el cual se mantuvo en 1.700 millones en 1996. Al año siguiente, al verificarse un fuerte repunte de la actividad económica, los elevados déficits reaparecieron en 1997 y 1998. La recesión de 1999 permitió volver al equilibrio, y su continuación en el 2000, aunque con menos intensidad, se tradujo en un leve superávit. A lo largo de los 11 ejercicios en que estuvo en vigencia la convertibilidad con paridad fija, es dable constatar que el déficit comercial acompañó indefectiblemente el crecimiento económico. La única excepción fue el primer año, en que la magnitud del superávit del ejercicio anterior permitió que el fuerte incremento de las importaciones no se tradujera en un resultado negativo de la balanza comercial. La distorsión de precios relativos orientó las inversiones, preferentemente hacia el área de los servicios, que muy pocas veces son productores de divisas. Esto consolidó un modelo de desarrollo basado en el ingreso de divisas apoyado en las inversiones directas o el endeudamiento financiero, tanto del sector público como del sector privado, y no en base a operaciones genuinas de comercio exterior. Se trata del *debt led growth model* o crecimiento liderado por la deuda muy bien descripto por el Dr. Eduardo Conesa.[12] De esta forma, el crecimiento pasó a ser dependiente del ingreso de divisas, el cual en parte provenía de las inversiones directas, pero sobre todo de préstamos financieros. Este modelo era, para sus defensores, una con-

---

[12] Conesa Eduardo R., *Desempleo, precios relativos y crecimiento económico*, Ediciones Depalma, Buenos Aires, 1996. *Los secretos del desarrollo*, Editorial Planeta Argentina,1994.

secuencia inevitable y por otra parte benéfica de la globalización. Éstos minimizaban el efecto negativo que no podían dejar de tener en el futuro el incremento de las remesas de utilidades de las inversiones directas y el pago de los intereses de los préstamos financieros. Sin contar el estado de vulnerabilidad en que se encontraba la economía del país, ya que cualquier crisis financiera en el mundo, dificultaba o cortaba directamente la posibilidad de obtener ingresos de capitales. Esto se traducía inmediatamente en una disminución de actividad o una recesión según la importancia que adquiriera la reducción del ritmo de ingresos de los fondos provenientes del exterior.

Se entiende entonces por qué la cuenta corriente de la balanza de pagos ha sido negativa desde 1993 en adelante. A los déficits de la balanza comercial se agregaron el balance negativo de los servicios reales como los fletes y los seguros, el de los pagos por dividendos y *royalties* de las sociedades extranjeras, y por supuesto, el monto cada vez mayor de los intereses de la deuda que se incrementaba continuamente. Desde los 8.000 millones de déficit del año 1993, se llegó a casi 15.000 millones en 1998, y luego, a pesar de la recesión y la mejora de la balanza comercial, el incremento de los intereses de la deuda mantuvo en un altísimo nivel el déficit de la cuenta corriente del balance de pagos. Sin duda, el déficit de las cuentas públicas consolidadas que apareció en toda su crudeza cuando no se pudo usar más el fácil recurso de los fondos provenientes de la venta de las empresas del Estado que se privatizaban, acentuó el fenómeno del endeudamiento en divisas. Este déficit financiado por mayor endeudamiento tuvo dos efectos indeseables. Uno de ellos consistió en acelerar el mecanismo de distorsión de precios relativos al convalidar el incremento de los precios de los servicios. Éstos se veían favorecidos por la liquidez que producía la emisión de pesos en contrapartida de los dólares del endeudamiento. El otro consistió en el aumento de los intereses financieros a pagar sobre una deuda cada vez mayor. Ese efecto deletéreo del déficit fiscal es indiscutible, pero también hay que dejar en claro, que sin el déficit, las cifras del crecimiento hubieran sido otras en los ejercicios favorables. Probablemente un crecimiento pobre en los años en que el déficit que exacerbó el ciclo económico fue elevado, hubiera hecho reflexionar a la población. Ésta habría entendido las limitaciones que acompañan a un régimen de cambio fijo aplicado con responsabilidad, lo que hubiera quitado mucho de la magia "desarrollista" con que supieron tan bien envolverlo sus defensores.

A esta altura de nuestro razonamiento, es fácil entender que la actividad económica en un régimen de convertibilidad depende del signo y de la importancia que adquieren los movimientos de capitales. Si hay ingresos significativos, aumenta la monetización, se expande el crédito, el consumo y la inversión, y el déficit estructural de las cuentas externas es financiado por el propio ingreso de divisas que aumenta el endeudamiento. Al contrario, si disminuye el flujo de fondos del exterior, se contrae el crédito, el consumo y la inversión y por lo tanto la actividad económica. Lo que caracteriza al mecanismo es su automaticidad. Al haber renunciado a tener una política monetaria propia, las autoridades económicas se transforman en observadoras pasivas de los efectos benéficos o maléficos que provocan los movimientos de capitales en función del sentido y la importancia que adquieren. Quizás haya que buscar en ese mecanismo implacable una de las razones del déficit del Estado, además, por supuesto, de la mala administración fiscal y tributaria. Es que en los años en que los capitales externos eran reacios a venir, por distintas razones, el déficit era la manera que tenían las autoridades económicas para incentivar el ciclo. Lo conseguían sustituyendo con las divisas de su endeudamiento las que no traía el sector privado, con lo que intentaban mantener la actividad económica en un nivel más acorde a las expectativas de la población. Este mecanismo activaba la dinámica de la deuda externa, y el paso del tiempo producía un desgaste en el sistema del crecimiento basado sobre una deuda creciente, En efecto al incrementarse la misma, cada ejercicio era necesario que entrara un mayor flujo de fondos para obtener el mismo efecto incentivador sobre el crecimiento de la actividad. Por supuesto esta dinámica se tornó infernal cuando se incrementó la tasa de riesgo país y por consecuente se aumentó la tasa de interés a aplicar sobre la deuda. Esta apuesta al endeudamiento infinito no tenía lógica ni sustento, y es difícil entender como pudo aplicarse durante tantos años con la anuencia de los organismos multilaterales de crédito siendo el primero de ellos el Fondo Monetario Internacional.

El tercer desajuste de fondo proveniente de un sistema de convertibilidad es la ausencia de política monetaria. El mecanismo transformaba el Banco Central en una simple caja de conversión y le restaba, de hecho, toda posibilidad de planificar la política monetaria. La oferta de dinero dependía de la intensidad de los ingresos de capitales. Cuando el mercado local fijaba un diferencial de tasas elevado con respecto a las de los países centrales, y las perspectivas de desarrollo económico y estabilidad política eran favorables, los flujos fueron abundantes como se comprobó entre 1991 y 1994 inclusive. Cuando existían turbulencias en el mercado local, o simplemente en mercados emergentes de características parecidas, los flujos se retraían y hasta podían llegar a ser negativos como se vió a principios de 1995. El mercado local, en ausencia de una verdadera política monetaria por parte del Banco Central, intentó corregir la distorsión de los flujos mediante el incremento de la tasa de interés que se pagaba en exceso sobre la de los países centrales. El sistema, hasta cierto punto, limitaba las fluctuaciones a costa de un incremento del costo del crédito para todas las actividades, lo que no dejaba de tener un efecto negativo sobre el nivel de actividad. Gracias al apoyo del FMI este mecanismo permitió superar la crisis financiera del Tequila durante 1995. Es cierto que, entonces, la valorización importante de los *commodities* que exportaba el país, y la revaluación del real brasileño que incentivó las exportaciones hacia el Mercosur ayudaron a que la situación financiera se estabilizara. Eso permitió el repunte del segundo semestre de 1996, que duró dos años hasta el segundo semestre de 1998. A partir de allí, después de la crisis Rusa, los capitales se volvieron esquivos a pesar del incremento de la tasa de interés local. La devaluación del real en enero de 1999 agravó la situación, tensionando la tasa primero y luego dificultando las exportaciones a Brasil. Limitado a su rol de contador de las divisas que entraban y salían del país, el Banco Central desempeñaba el papel de observador de la crisis que provocaba la disminución de los flujos de ingresos. Esto motorizaba la suba de la tasa de interés por intermedio del incremento del famoso "riesgo país" que registraba la diferencia entre la tasa de los Estados Unidos y la que se pagaba en el mercado local. La disminución de la oferta monetaria se traducía en un estancamiento de los depósitos y una reducción de los créditos por parte de los bancos asustados por la coyuntura desfavorable que creaba la propia recesión. En convertibilidad no existía política monetaria consistente, más allá de algunas medidas de sentido común, pero de corto alcance debido a las restricciones del propio sistema. La siniestralidad empresaria y el incremento de la desocupación, por ende de la vulnerabilidad económica y social, fueron la consecuencia de esta característica del régimen de convertibilidad.

El cuarto desajuste inherente a la convertibilidad fue el más dañino socialmente, ya que se trataba de la acumulación de una desocupación elevada. Al inicio de la convertibilidad, la desocupación era de 7%; a fines de 1994 ya alcanzaba el 12%, y luego de llegar a un pico de 18% en 1995, se redujo lentamente hasta un 14% al final del mandato de Carlos Menem a fines de 1999. Dos años más tarde, a fines de 2001, en los estertores terminales del sistema, había vuelto al 18%. Pero a esta cifra de desocupados había que agregar otro tanto de subocupados, lo que potenciaba el problema y explica el incremento de los índices de pobreza e indigencia en los 4 últimos años de aplicación del mecanismo de la convertibilidad. Los economistas que apoyaban el sistema sostenían que la mayor parte de la desocupación era el resultado del incremento de la productividad y que por lo tanto la convertibilidad no tenía nada que ver con ella. Nos parece que este razonamiento reniega de la experiencia empírica. Esta explicación sólo es parcial. En efecto, la desocupación proveniente del sector privatizado podía explicarse por el incremento de la productividad. También parte de la que provenía del sector manufacturero se originaba en la misma causa. Pero estos dos factores sólo explican, en el mejor de los casos, la tercera parte del incremento de la desocupación, o sea que en una grosera estimación permitiría entender un índice de 9%. La distorsión de precios relativos destruyó sectores enteros de la actividad manufacturera. El incentivo que esta misma distorsión tuvo sobre las inversiones capital intensiva, además de favorecer los proyectos de armaduría por sobre los de genuina fabricación, fue otro causal de la desocupación acumulada durante la vigencia de la convertibilidad. La recesión que persistía desde 1998, la que también era hija de la distorsión de precios relativos y del endeudamiento inherentes a la convertibilidad, fue el origen del resto de la desocupación. Por lo tanto, se puede afirmar que la mayor parte de este flagelo social fue una consecuencia directa del sistema de paridad fija aplicado durante tanto tiempo. Tuvo consecuencias muy negativas, tanto sobre la actual como sobre las futuras generaciones, al hacer desaparecer, poco a poco, la cultura del trabajo en capas muy importantes de la población.

Por fin el quinto y último desajuste inherente a la vigencia de la convertibilidad fue la concentración y la extranjerización de la economía. Esta concentración fue en parte el producto de nuevas reglas de juego en la administración de ciertas actividades como en el caso de la distribución minorista de alimentos. Esto llevó a sustituir una gran proporción de los almacenes y demás negocios tradicionales por super e hipermercados. Eso es cierto, pero lo que no es cierto es que además estos negocios de nuevas características tuvieran que estar en tres o cuatro manos. Lo que era evidente en el caso de la alimentación, también se dió con mayor o menor intensidad en todos los sectores. Estimamos que ahí también, la distorsión de precios relativos, al forzar la desaparición de muchas empresas de varios sectores, dejó el campo libre para la concentración de la actividad económica. Pero esa excesiva concentración vino acompañada por una fuerte extranjerización de la misma. En este caso, los altísimos costos financieros que acompañaron a la convertibilidad, colocaron en posición privilegiada a los grandes grupos extranjeros que tenían acceso a la financiación de los mercados mundiales a tasas dos o tres veces más baratas que las que tenían que pagar los empresarios locales. Esto explica que un poco más de un 50% de las grandes empresas del país estaban a fines de la convertibilidad en manos de capitalistas extranjeros. Esta extranjerización era vista como favorable por muchos economistas. Éstos se olvidaban los problemas de largo plazo que traen sobre la cuenta corriente externa las remesas de utilidades. Además

71

una tan fuerte disminución de la presencia de la burguesía local, va más allá del aspecto económico porque tiene efectos sociales y políticos negativos.

Pero a estos problemas inherentes al corazón de la política económica aplicada, se agregaron errores de implementación que agravaron sus consecuencias negativas. La deficiente administración de la Aduana que controló poco o nada las importaciones que se multiplicaron por 6 entre 1990 y 1998, complicó el panorama, de por sí difícil que enfrentaban los productores argentinos. En efecto pudieron entrar al país muchos bienes subfacturados o a precios de "dumping". Además se incrementó fuertemente el contrabando que durante la vigencia de la convertibilidad, además de sus connotaciones penales pasó a representar un mayúsculo problema económico.

La indexación de los principales servicios públicos privatizados sobre la inflación de los Estados Unidos tuvo un efecto negativo al inflar los costos de los productores locales y degradar el poder de compra de los salarios. Este problema se agravó a partir de 1995, cuando la inflación desapareció de la Argentina. Se potenció al máximo desde 1998 cuando empezó a existir deflación en el país y los servicios privatizados incrementaban sus precios en una economía que los reducía, apropiándose de esta forma de una porción cada vez mayor del PBI.

Por fin, la creación de las Administradoras de fondos de jubilaciones y pensiones, las AFJP, que aparecieron después de la ley de 1994 sobre la materia, constituyeron un intento de cambiar el sistema jubilatorio para las nuevas generaciones. Estos organismos privados administran los aportes de los trabajadores en cuentas de capitalización que se incrementan durante toda la vida laboral del aportante, lo que permite servirle una renta vitalicia en el momento de su jubilación. Este mecanismo puede ser discutido, tiene ventajas y defectos, y en realidad se aplica en pocos países porque lo que sí es un problema mayúsculo es la financiación de la transición. En efecto, el Estado tiene que seguir pagando la jubilación de los jubilados existentes en el momento del inicio del nuevo régimen. También cargará con la de los trabajadores que por su edad no tenían interés en inscribirse en el régimen de la jubilación privada a medida que se fueran jubilando. Las autoridades subestimaron groseramente el costo de esta transición, y la financiación del escuálido sistema de jubilación estatal preexistente incrementó el déficit del Estado en unos 4.000 millones de dólares anuales. Como la mitad de este déficit se financiaba mediante la emisión de bonos del Estado suscriptos por las AFJP, dichas instituciones se encontraron con una masa de títulos del Estado. Por lo tanto el nivel de las jubilaciones futuras de sus afiliados que pagan altas comisiones mensuales seguirá dependiendo de la solvencia del Estado. Los únicos ganadores claros han sido los dueños de las AFJP, esencialmente los bancos que cobraron las comisiones, mientras que no está claro si la jubilación que percibirán sus afiliados será mejor que la estatal. Lo que sí es evidente, es que el déficit subsecuente al sistema agravó considerablemente la crisis macroeconómica de los últimos años de la convertibilidad.

Estos problemas no fueron el fruto de la incapacidad de las autoridades sino más bien el resultado de los errores de concepto que derivaban de una aceptación acrítica de la totalidad de las recomendaciones del Consenso de Washington y del endiosamiento del mercado que derivaba de aquél. El concepto negativo sobre el rol del Estado y del gasto público llevó a limitar el control del Estado sobre la actividad económica dejando actuar la oferta y la demanda sin ningún contrapeso para evitar los abusos que surgen inevitablemente de las disparidades de fuerzas entre las partes contractantes. Las autoridades se olvidaron de lo que decía Montesquieu con respecto a que en el conflicto entre el débil y el fuerte, sólo la ley libera, la libertad esclaviza. Se flexibilizó el mercado laboral, se privatizaron los servicios públicos, se vendieron las empresas estatales de energía, se desmanteló la flota mercante del estado, se crearon las AFJP como consecuencia de este concepto de que el Estado era un villano inútil y que los mercados tenían soluciones para todo. Es así como una vez instalada la crisis, cuando los mercados financieros le dijeron que no al país, se pensó que había que cortejarlos reduciendo el déficit mediante una reducción del gasto. Se creyó que la deflación era la solución, desoyendo todas las experiencias históricas en la materia. Estan disponible desde la de la Inglaterra de Churchill entre la revaluación de 1925 y la devaluación de 1931, la tragedia de los Estados Unidos de Hoover entre 1929 y 1933 y más cerca de nosotros, la desastrosa experiencia chilena de 1978 a 1982. También se puede citar como otro error de concepto, la creencia en el ajuste automático de los déficits externos que nos llevó a una deuda externa inmanejable. Por fin hay que citar la falacia de la teoría del derrame que supone que todo crecimiento económico mejora el bienestar de las clases sociales menos pudientes. En realidad se logró en 11 años agravar considerablemente la desigualdad hasta niveles nunca conocidos de una diferencia de 34 veces entre el decil más rico y el decil más pobre y multiplicar la cantidad de pobres e indigentes.

Además de estos problemas en la concepción y la implementación de la política económica, no puede dejarse de señalar el lamentable auge de la corrupción durante la década en que Menem fue presidente. La corrupción es desgraciadamente inherente a la naturaleza humana, pero en las sociedades desarrolladas, existe un consenso sobre sus costos y el conjunto social actúa de tal manera de aislar al corrupto. Lo característico de la década menemista fue que la corrupción adquirió caracteres desembozados, cuidando únicamente las formas. La Justicia, no supo o no quiso encontrar las pruebas de los latrocinios. La opinión pública, embelesada por el mito del próximo acceso al primer mundo, hizo gala de una indulgencia culpable y soportó luego las consecuencias inevitables del desvarío de sus funcionarios.

Las dos presidencias de Carlos Menem y la década del noventa, no fueron el tránsito de la Argentina hacia el primer mundo, como nos lo querían hacer creer tanto el gobierno argentino como el FMI y los principales países de Occidente. Aparecen entonces como un período con un balance más que cuestionable. Tenemos que saber distinguir entre la visión de la realidad de actores interesados como los países centrales, cuyos empresarios se beneficiaban de las políticas en aplicación, de la verdadera realidad que vivió la Argentina. Hay sin duda, aspectos rescatables en los noventa y se puede citar la consolidación de la democracia, aunque en muchos casos sólo haya sido formal. La reforma constitucional del 94 se hizo de acuerdo a los procedimientos previstos por la anterior Constitución y los intentos de una reelección ilegal de Menem fueron frustrados. A fines de 1990, tuvo lugar el último intento de golpe militar, encabezado por el coronel Seineldin que fue controlado en 48 horas y después de breves combates con pocos muertos lo que afianzó la vigencia de las instituciones. En diciembre de 1999, el justicialista Menem entregó el poder, de acuerdo a las normas constitucionales, al Dr. Fernando de La Rúa, el candidato de la Alianza, elegido en elecciones impecables en octubre del mismo año. Por segunda vez, desde su reimplantación en 1983, la democracia argentina asistía al traspaso del poder a un candidato de la oposición.

En cuanto al aspecto económico, hubo un crecimiento no sustentable y con exclusión social que afectó el capital social de la nación, pero del cual se pueden rescatar algunos aspectos. Uno es la modernización de la infraestructura del país, hecha a un costo demasiado elevado en términos de endeudamiento pero que existe y es una base tangible para el desarrollo futuro. Es un logro no desdeñable. El segundo, quizás el más importante, es el aprendizaje de la estabilidad monetaria. La convertibilidad trajo todos los problemas que hemos mencionado, pero tuvo la virtud de permitir crecer a toda una generación ajena al fenómeno inflacionario, y de enseñar a varias otras que la estabilidad es posible, y que tiene enormes ventajas. Éste es un capital sicológico fundamental sobre el cual se podrá apoyar una reconstrucción sólida del país. El tercero, es haber incentivado la iniciativa privada. Sin duda, como lo hemos denunciado en las páginas anteriores, el endiosamiento del mercado vino atado a un exagerado individualismo que hizo que cada uno buscara su salvación olvidando que participa de una comunidad. Sin embargo, ese golpe de voluntad de emprender, aunque demasiado frecuentemente orientado al comercio y a los servicios, lo que el mercado del momento favorecía, acostumbró a los jóvenes al riesgo empresario como una forma de progresar. Ese humus, si se puede decir, de ciudadanos activos es también un activo para la reconstrucción. También, y aunque parezca paradójico, señalaría como un elemento positivo de la catástrofe de la industria argentina, la lucha desigual que tuvieron que librar los empresarios argentinos. En el mejor concepto darwiniano, cayeron los que por alguna razón eran los más débiles y se quedaron los que eran los más fuertes. Estas empresas están templadas por la supervivencia en una lucha desigual que permite tener confianza en su capacidad de inversión y crecimiento futuro. El impactante repunte de la actividad industrial desde el segundo trimestre de 2002, y los esfuerzos no suficientemente valorados para incrementar la exportación de productos industriales es una muestra de esta consolidación del empresariado nacional. La revolución agrícola con la siembra directa, y el uso de productos químicos asociados a las semillas transgénicas, permitió prácticamente duplicar la producción agraria en la década. Es otro resultado positivo de esta trágica lucha por la superviviencia. Por fin, la ausencia del Estado y sus consecuencias negativas fueron percibidas por la enorme mayoría de la opinión pública. El Estado burocrático e ineficiente de la década del ochenta había cansado a la población. La ausencia del Estado durante los noventa tuvo tan graves consecuencias sociales, que se consolidó la convicción general de que es necesario un Estado eficiente que fije las reglas de juego. Esta nueva convicción es otro de los activos invisibles que nos deja la década de los noventa.

Así como la adolescencia es un período difícil, lleno de peligros pero inevitable para que el hombre llegue a la madurez, es probable que la Argentina haya tenido que vivir las dos experiencias antitéticas del justicialismo para poder acceder a la madurez. Entre 1945 y 1955, el justicialismo estatista, distribucionista e inclusivo socialmente de Perón diluyó la noción de ahorro y el espíritu emprendedor de la población, tan cierto es que no hay peor consejera que la facilidad. Entre 1989 y 2000, el ingreso ingenuo y devastador en la globalización del justicialismo "aggiornado" de Carlos Menem, excluyó socialmente y destruyó parte del capital social, a la par que, curiosamente, incentivaba algunas virtudes perdidas, tan cierto es, también, que no hay nada más formador que la lucha contra la adversidad. Superada esta etapa, y mediante la síntesis de estas dos experiencias formadoras contradictorias, la Argentina debería poder insertarse positivamente en el mundo y conocer un crecimiento sustentable e inclusivo socialmente. Pero antes de describir este proceso positivo tenemos que recordar como se produjo el derrumbe de la convertibilidad.

CAPÍTULO 4

DEFLACIÓN, RECESIÓN Y DERRUMBE DE LA CONVERTIBILIDAD: EL GOBIERNO DE FERNANDO DE LA RÚA: DICIEMBRE 1999 A DICIEMBRE 2001

Desde junio de 1999 se intensificó la campaña electoral por las elecciones que en octubre debían decidir quién iba a suceder a Carlos Menem. Eduardo Duhalde, el primer vicepresidente de Menem y luego dos veces gobernador de la provincia de Buenos Aires era el candidato justicialista. El radical Fernando De La Rúa, acompañado por Carlos Alvarez, el líder del FREPASO (Frente para la Solidaridad) constituían la fórmula de la Alianza. En el plano económico no existían grandes diferencias entre las propuestas de los dos candidatos. Eduardo Duhalde, ya en 1997 había expresado reparos sobre el mecanismo de la convertibilidad, pero las fuertes reacciones adversas que había cosechado entonces dentro del mismo justicialismo lo obligaron a no volver a exteriorizarlas. Durante la campaña, y aprovechando un viaje al Vaticano, había hecho declaraciones a la prensa referentes al excesivo endeudamiento externo de la Argentina como una de las causas de la recesión que se vivía. Esta simple puesta en duda de uno de los pilares del "pensamiento único" que veía en la financiación externa el motor del desarrollo, fue muy mal recibida por la opinión pública. Su imagen bajó en los sondeos posteriores, lo que le obligó a dejar de lado este tema durante el resto de la campaña. Pero se había cavado su propia fosa, ya que el establishment no le perdonaría su desliz y apoyaría masivamente al candidato de una Alianza que se quería progresista. De hecho, De La Rúa y su equipo adoptaron la convertibilidad en consonancia con la opinión pública mayoritaria. Ésta seguía creyendo en las bondades de la paridad fija, didácticamente defendida por la enorme mayoría de los economistas de alta exposición pública cuyos argumentos eran inteligentemente adaptados a la comprensión del lector o televidente medio. Lo novedoso era que el candidato de la Alianza prometía el mantenimiento de la paridad fija a la par que anunciaba una serie de medidas de tipo social que debían darle un tinte progresista a la política económica en curso. Los candidatos de la Alianza tenían una buena imagen. Los favorecía su promesa de conseguir la imposible asociación de una política económica que suponía un duro ajuste para atraer capitales externos, con promesas sociales utópicas. Por fin el cansancio lógico de 10 años de gobierno justicialista signados por la corrupción y que terminaba en una fuerte recesión con alta desocupación volcó al electorado hacia ellos. El Dr. Fernando De La Rúa fue elegido con cerca de la mitad de los votos en la primera vuelta.

El nuevo presidente nombró un gabinete acorde con su visión económica. El jefe de gabinete, el Dr. Rodolfo Terragno, era un radical con versación en economía y conocido por sus ideas modernas sobre la gestión. Las demás carteras fueron a parar a manos ortodoxas que hubieran debido llamar la atención tomando en cuenta las promesas de progresismo social efectuadas durante la campaña. El ministro de economía, José Luis Machinea que había criticado la convertibilidad hasta 1997, se había dejado convencer y hacía gala del entusiasmo que suelen mostrar los conversos. El canciller, Adalberto

Rodríguez Giavarini y el ministro de defensa, Ricardo López Murphy eran dos economistas profesionales, entusiastas defensores de las políticas aplicadas en la década que culminaba, y se limitaban a criticar el excesivo gasto público que, según ellos, era la causa de la recesión. El ministerio de educación fue confiado al Dr. Juan José Llach, otro economista cuya simpatía por la convertibilidad no podía ser puesta en duda, ya que fue vice ministro de Domingo Cavallo desde que este implantó la convertibilidad hasta su renuncia en julio de 1996. Para completar y reforzar la unidad de criterio del gabinete respecto del pensamiento único, al que adhería el presidente, éste designó como titular de la S.I.D.E. (Secretaría de Informaciones del Estado) a su amigo, Fernando de Santibañez, un ex banquero que multiplicó su fortuna durante la década del noventa y que tenía buenos contactos con los principales referentes del establishment bancario internacional. Las carteras de Interior, Salud y Justicia recayeron en manos de colaboradores competentes y afines con los postulados sociales de la Alianza. Es importante recalcar la concentración de cinco carteras en manos de economistas, que parecía indicar cual iba a ser la prioridad de la gestión del nuevo presidente.

La realidad no defraudó las expectativas de los observadores lúcidos. El nuevo gobierno endosó sin beneficio de inventario la política económica del anterior. Simplemente señaló que el déficit fiscal era mayor que el declarado y que en vez de los 7000 millones de dólares previstos, el ejercicio 1999 había cerrado con un déficit de 10.000 millones. Esta constatación, asociada al elevado monto de los intereses que se pagaban y constituían la principal causal del déficit público, urgía un cambio de política. Se dijo que Rodolfo Terragno –quien tempranamente había entendido los problemas de la convertibilidad y los había expuesto en un famoso debate televiso con Domingo Cavallo ya en 1993– intentó convencer al gobierno que la deuda era impagable y que había que renegociar los vencimientos y las tasas de interés. También que había que prepararse a que los acreedores soliciten una devaluación para devolver competitividad a la economía argentina que padecía los estragos de la sobrevaluación cambiaria. Con reservas monetarias cercanas a los 30.000 millones de dólares en el Banco Central, la devaluación hubiera podido ser acotada. De todas maneras, suponía un fuerte costo político dadas las expectativas de la opinión pública y las promesas realizadas durante la campaña. Pero por sobre todo, suponía atacar los intereses del establishment que se había acostumbrado a girar sus cuantiosas utilidades, sobre todo las provenientes de los servicios privatizados y del sector financiero a la paridad irreal de un peso equivalente a un dólar. El gobierno descartó la molesta solución de fondo, y optó por complacer al establishment convencido de que si reducía el déficit fiscal obtendría un incremento de los ingresos financieros externos. Éstos eran indispensables para reactivar la economía en el año 2000 y fundamentales para evitar el temido default de la deuda en el ejercicio 2001. El problema de la desocupación y de la desindustrialización asociada a aquélla fueron pasados por alto. Las expectativas positivas con las cuales el nuevo gobierno había sido aceptado y la mejora relativa de la actividad económica, que decreció mucho menos en el último trimestre de 1999 y el primero del 2000, contribuyeron probablemente a reforzar este grave error de diagnóstico.

Lo concreto es que la primera medida de las nuevas autoridades consistió en incrementar los impuestos a la cuarta categoría, lo que equivalía en hacer recaer los problemas fiscales en la clase media, ya fuertemente agobiada. Se dejaba sin cambio el impuesto a las ganancias de las grandes corporaciones y sin ningún impuesto a las rentas obtenidas en el mercado financiero. El resultado fue una baja del consumo, que potenció la recesión lo que a su vez llevó el PBI a decaer un 0,8% en el año, mientras que el déficit se incrementaba por el doble juego de la merma en la recaudación y el aumento de los intereses de la deuda. Dentro del esquema del ajuste, y en todo de acuerdo con el Consenso de Washington, una de las reformas que exigían los organismos multilaterales y el establishment era una mayor flexibilización laboral en un mercado ya agobiado por la desocupación. La ley fue votada por el Parlamento, pero el Vicepresidente denunció la existencia de sobornos a legisladores para obtener la aprobación de esa nueva Ley de Trabajo. Como su denuncia no produjo ningún efecto, Carlos Álvarez se sintió aislado y renunció. La renuncia del vicepresidente menos de un año después de haber sido elegido, y como consecuencia de discrepancias con el Presidente sobre un tema que tocaba a la corrupción, no podía ser más desoladora. Las ilusiones de insertar algún progresismo a la política económica impuesta por la globalización se caían a pedazos, ya que luego de haber renunciado a toda política social, el gobierno arriaba, sin siquiera intentar dar batalla, el pabellón de la lucha contra la corrupción. A pesar de que la mayoría de los miembros de la Alianza se mantuvieron en el gobierno, la renuncia del vicepresidente agregó cierta incertidumbre política a la recesión económica. El "riesgo país", o sea la tasa de interés de la deuda empezó a subir. A fines del año 2000 las perspectivas para el 2001 eran sombrías, porque al ritmo que había adoptado el ingreso de capitales del exterior, estaba claro que la Argentina no podría pagar los vencimientos de capital de la deuda y los intereses de la misma. La incógnita se despejó en noviembre cuando se dio a conocer el "blindaje", o sea un mecanismo financiero por el cual el FMI renovaba sus préstamos, y renunciaba al cobro de los intereses por dos años. Era acompañado por el gobierno español que otorgaba un préstamo de 1.000 millones de dólares y por las sucursales locales de los bancos extranjeros que se comprometían a suscribir bonos del Estado para renovar los vencimientos. El gobierno creó falsas expectativas y presentó como una solución definitiva lo que no era más que un alivio transitorio. El mecanismo aseguraba que los pagos de la deuda externa podrían ser atendidos durante 2001, gracias al reemplazo del mercado por el FMI, el gobierno español por una suma simbólica y los bancos más comprometidos con el país. "El blindaje" aseguraba que no habría cesación de pago a corto plazo, pero no arreglaba nada ya que dentro del esquema en aplicación, sólo el ingreso de fondos frescos podía combatir la recesión, y éstos brillaban por su ausencia. Por otra parte, el FMI impuso condiciones de ajustes fuertes para cumplir con el cronograma de pagos comprometido en el "blindaje". De hecho la situación de los dos primeros meses de 2001 empeoró tanto en cuanto a la actividad como a la recaudación, y el déficit fiscal se incrementó fuertemente desde un nivel ya muy elevado y a todas luces incompatible con el tipo de cambio fijo. Por otra parte, un nuevo fenómeno contractivo se había empezado a notar desde fines de 2000, con una aceleración en enero y febrero de 2001 y era una tendencia al corte del crédito a las empresas por parte de los bancos, sobre todo de los bancos extranjeros. El uso que los bancos dieron a la liquidez recuperada de esta forma era sumamente inquietante. Consistía en comprar dólares en el mercado, debilitando las reservas del Banco Central, para girarlos al exterior para comprar bonos de la deuda argentina en poder de sus casas matrices. Esta actitud demostraba una pérdida de confianza en el futuro del país, en directa contradicción con su apoyo al blindaje. Ante estos signos negativos que presagiaban un difícil cumplimiento de las metas acordadas junto con el "blindaje", el ministro Machinea presentó su renuncia los primeros días de marzo.

El presidente De la Rúa estaba convencido que la suerte del país dependía del rigor con que se aplicaría el ajuste que permitiría reducir el déficit fiscal. Para él era la manera de reeditar el circulo virtuoso del ingreso de capitales cualquiera sea la tasa de interés que exigieran. Nombró en el puesto al Dr. Ricardo López Murphy, el ministro de defensa. Este economista había dirigido durante años la fundación FIEL que se caracterizó por su apoyo a las políticas en aplicación. Coherente con su visión de la economía argentina, perdió la oportunidad de renegociar la deuda externa y devaluar cuando todavía las reservas del Banco Central se acercaban a los 30.000 millones de dólares, y mostraban una tendencia preocupantemente decreciente. Tanto el presidente como su ministro prefirieron evitar el costo político de enfrentarse con la realidad enemistándose con el establishment y en el corto plazo con la opinión pública mal informada sobre la realidad económica. El ministro armó un programa de reducción del gasto en 2.000 millones de dólares anuales, mediante una serie de economías que afectaron, entre otros, el presupuesto de las universidades nacionales. El ajuste propuesto dejaba el déficit del ejercicio en 7.000 millones de dólares, lo que suponía un incremento de la deuda en ese nivel, y por lo tanto no resolvía para nada la trampa en que se encontraba envuelta la economía argentina. Se prometía una reestructuración progresiva del Estado para ahorrar en el futuro unos 3.500 millones anuales, lo que suponía un incremento de la desocupación, y por lo tanto de la recesión. El nuevo ministro había optado por la deflación para ajustar parcialmente las cuentas del país, lo que aseguraba un camino doloroso, largo e incierto. El ministro fue claro en su discurso del 16 de marzo por la noche cuando expresó:

La Argentina tiene que salir a recuperar sus verdaderas fuentes de crecimiento. Que no pasan por la solución mágica e irresponsable de modificar el régimen de convertibilidad, sino movilizar su fenomenal dotación de recursos. El desarrollo de ningún país ha sido el resultado de un régimen cambiario. Sobre este punto quiero ser claro, lo diré una sola vez: salir de la convertibilidad sería un error de proporciones impensables en la Argentina.[13]

Al descalifcar la política cambiaria utilizada con éxito en casi todos los países del mundo para salir de crisis de pago externas, el Dr. López Murphy optaba por insistir en el camino que desde hacía varios años destruía el empleo nacional, acrecentaba el endeudamiento, y en los tres últimos ejercicios, había sumido el país en una persistente recesión. Su discurso fue rechazado por la opinión pública y dio lugar a movilizaciones de amplios sectores universitarios. En el seno del partido radical se produjo un intenso debate y el ministro del interior, Federico Storani, presentó su renuncia. Por primera vez en casi once años, el mantenimiento de la convertibilidad y los costos sociales que obligaba a pagar eran objeto de rechazo por parte de una importante fracción de la sociedad y de la familia política gobernante. El establishment apoyó tibiamente al nuevo ministro. Consciente de las dificultades del momento, y aunque compartiera el deseo de mantener la paridad fija, estimaba que sólo un hombre estaba en condiciones de recrear la confianza en la sociedad argentina. Su planteo, curiosamente apoyado por el FREPASO fue, una vez más, escuchado por el presidente que designó al Dr. Domingo Cavallo, el que había aplicado en primer término el mecanismo de la convertibilidad, como ministro de economía.

El regreso de Domingo Cavallo fue aprobado por la gran mayoría de la opinión pública que creyó en soluciones mágicas. El nuevo ministro subestimó la gravedad

---

[13] "Las nuevas medidas: el discurso de López Murphy", *La Nación*, suplemento "Economía y Negocios", p. 4, 17 de marzo de 2001.

de la crisis interna y sobreestimó su imagen y su capacidad de acción. También subestimó los cambios externos que se habían producido después del derrumbe de la bolsa de New York y la asunción del gobierno republicano de Georges W. Bush en los Estados Unidos. El nuevo gobierno norteamericano tenía una visión distinta del rol que debía jugar el FMI en la resolución de las crisis de los países emergentes. Consecuente con su visión más liberal de la economía, el gobierno republicano estimaba que los prestamistas debían hacerse cargo de los riesgos asumidos al prestar a deudores que se volvían insolventes. El FMI no debía actuar como prestamista de última instancia como si fuera un banco central mundial. Cavallo no asimiló estos cambios y siguió manejándose con la misma lógica que en la primera mitad de la década de los noventa.

Se puede dividir en dos tramos su accionar en el ministerio. Durante los primeros 3 meses, se dejó llevar por su optimismo y convenció a los argentinos de que el problema económico se debía a una excesiva restricción monetaria. Lo que había que hacer era incentivar el crédito y apoyar fiscalmente los sectores productores de bienes transables más afectados por el atraso cambiario, que admitía aunque lo minimizaba. Con el impuesto a los débitos bancarios incrementó la presión tributaria al conjunto de la economía, lo que era inteligente si, como lo hizo con sus "planes de competitividad" se desgravaba parcialmente a sectores transables. Para completar el esquema, y devaluar sin devaluar, creó una canasta de monedas en que el valor del peso resultaba ser ahora el promedio ponderado de su valor frente al dólar y al euro con una ponderación igual para ambas monedas. Como el euro se cotizaba 10% más bajo que el dólar, el valor del peso era un 5% menor frente al dólar que el de la convertibilidad uno a uno anterior. Este coeficiente que llamó "factor de convergencia", se aplicaba a las exportaciones, pero resultó, junto con los planes de competitividad, tardío e insuficiente frente a la magnitud del atraso cambiario que afectaba a los bienes transables argentinos. Para aliviar la recesión, disminuyó el encaje obligatorio de los bancos, que sin duda era elevado. Pero en un momento en que se producía un retiro constante de depósitos bancarios, lo único que consiguió fue financiar la pérdida de depósitos y no evitó el corte de crédito al sector privado que mes a mes se fue acelerando. Para aliviar la caja del Estado, asesorado por tres bancos de inversión extranjeros, elaboró un canje voluntario con organismos tenedores de bonos del Estado Argentino que permitió postergar en algunos años los vencimiento de unos 30 mil millones de dólares. El costo fue un fuerte incremento de la tasa de interés que provocaba un enorme incremento de la deuda total a pagar y una importante comisión de 150 millones de dólares para los bancos intervinientes. Este ruinoso megacanje tenía como objetivo ganar tiempo mejorando la situación de los acreedores a costa de gravar aún más la cuenta de intereses a pagar. Inconsciente de la magnitud del problema que afectaba al país, intentó convencer a los brasileños, que a principios de 1999, habían dado fin a su plan real, una versión aliviada de la convertilidad, que ellos también tenían que adoptar el régimen de convertibilidad. Al mismo tiempo, como el riesgo país seguía subiendo en la Argentina, tuvo frases descalificadoras para los operadores financieros mundiales lo que demostraba que se estaba desconectando peligrosamente de la realidad. Ese intento de aplicar una convertilidad "desarrollista", absolutamente incompatible con la rigidez propia del sistema de paridad fija, se terminó abruptamente cuando el ministro se dio cuenta que no contaría más con financiación externa más allá de los fondos del "blindaje". A principios de julio de 2001, convenció al gobierno que la única manera de atraer nuevamente los capitales, era eliminar totalmente el déficit del presupuesto adoptando las medidas necesarias para llegar a lo que se conoció como "déficit cero". La segunda etapa de su ministerio había empezado: la del ajuste permanente.

Para lograr que el déficit acumulado en el primer semestre no se acrecentase, o sea para lograr el famoso "déficit cero", ya en el segundo semestre, se rebajaron en un 13% todos los sueldos y jubilaciones superiores a 500 pesos. Esa cruda deflación fue un intento inútil ya que lo único que consiguió fue incrementar la recesión, mermar los ingresos fiscales y en definitiva seguir con un déficit parecido al anterior. A todo esto, los retiros de depósitos bancarios se acentuaron, y esos retiros estaban asociados con las pérdidas de reservas de divisas de los bancos particulares y del Banco Central. Fiel a su espíritu de lucha, y sin darse cuenta que financiar la sangría de depósitos y reservas que conocía el país era un gravísimo error de consecuencias incalculables, en Agosto viajó a Washington. Mediante una insólita presión consiguió el envío de 5.000 millones de dólares que sirvieron para postergar unos 3 meses más el colapso bancario que se veía venir. Al mismo tiempo, para evitar la cesación de pagos del Estado argentino, organizó un canje "voluntario"de la deuda en dólares en poder de los bancos locales y de las AFJP y de los tenedores privados. Se prorrogó unos años el vencimiento de los bonos y se redujo el interés al 7%, una tasa que era menor que la que surgía del riesgo país pero todavía inaceptablemente elevada para las raleadas finanzas del Estado. Para evitar que los bancos fueran afectados por la baja de la cotización de los bonos del Estado la nueva deuda se instrumentó como un préstamo en cuenta corriente, cuya devolución estaba garantizada por impuestos nacionales. Es por ello que en los balances de los bancos se lo conoce como el "préstamo garantizado".

Mientras tanto, los retiros de depósitos bancarios a principios del tercer trimestre de 2001, estaban adquiriendo el ritmo propio de los pánicos bancarios. Mediante la entrega de adelantos en pesos a los bancos, el Banco Central evitaba el cierre de aquéllos, pero motorizaba la pérdida de reservas de divisas. En efecto el régimen de la convertibilidad argentina había establecido un sistema bimonetario al autorizar la apertura de cuentas corrientes bancarias en dólares. Estas cuentas corrientes en divisas extranjeras estaban sometidas a un sistema de encaje fraccionario similar al de las cuentas corrientes en pesos por lo que el multiplicador bancario se aplicaba a ellas. Con un nivel de encaje del 20% como el que existía, con una masa original de billetes genuinos de 10.000 millones de dólares, el juego del multiplicador bancario había creado 40.000 millones de dólares virtuales, dólares escriturales en cuenta corriente, los argendólares. El Banco Central podía adelantar pesos porque el peso es la moneda que administra, pero no podía adelantar dólares y por lo tanto los únicos dólares que entregaba al mercado los sustraía de sus reservas. Una vez absorbidos los dólares que los bancos privados tenían en reserva, los depósitos en pesos que salían de los bancos se invertían en dólares que salían de las reservas. Durante 2001, el Banco Central perdió la cifra inaudita de 14.000 millones de dólares, la mitad de sus reservas. Es incomprensible que las autoridades hayan aceptado semejante catástrofe sin reaccionar. Porque el desastre financiero incentivaba la recesión, la cual potenciaba la desocupación. En octubre de 2001, la desocupación alcanzaba el 18% de la población económicamente activa y si en todo 2001, el PBI retrocedió en 4,5%, durante el último trimestre del año, su caída adquirió ribetes de catástrofe al derrumbarse en un 11,7%.

A fines de noviembre, ante el cariz dramático que tomaban los acontecimientos, el FMI suspendió la cuota del blindaje que debía abonar. El efecto que tuvo la noticia en Buenos Aires fue desastroso. En los últimos días de noviembre la fuga de depósitos se aceleró y alcanzó un máximo el 30 del mes. Cavallo reaccionó congelando, a partir del 1 de diciembre, por 90 días los plazos fijos tanto en dólares como en pesos, y limitando a 1.000 dólares mensuales los retiros en efectivo de las cuentas corrientes y de las cajas de ahorro, aunque los pagos con cheques o con tarjetas de débito podían hacerse sin límite. El famoso "corralito" había nacido. El ministro pretendía salvar el mecanismo de la convertibilidad suspendiéndolo por 90 días, todo para mantener la paridad artificial de un peso valiendo un dólar que era el meollo del problema. No era visible una solución en 90 días y su objetivo parecía ser la dolarización aunque con el nivel exiguo de reservas era una solución sumamente difícil de implementar. Sin embargo importantes referentes del establishment económico veían la solución con simpatía sin reparar en las desastrosas consecuencias económicas y sociales de una solución contra natura que sólo hubiera agravado la feroz distorsión de precios relativos que era la causa principal de todos los problemas. A pesar de la increíble popularidad de que gozó la convertibilidad hasta su final, se hacía cada vez más evidente que el retorno a la convertibilidad con la misma paridad era un imposible y que la dolarización sería resistida por gran parte de la sociedad. Día a día, el gobierno y Cavallo vieron pasarse al bando de los contestatarios a quienes hasta ahora habían sido fieles defensores del sistema que estaba llevando el país a la ruina.

Durante las tres primeras semanas de diciembre de 2001 el clima social y político se enrareció. Los ahorristas sufrían el bloqueo de sus ahorros y culpaban a los bancos por la medida, mientras que las personas y pequeñas empresas no bancarizadas hacían interminables colas frente a las sucursales bancarias para abrir una caja de ahorro o una cuenta corriente que le permitiera recibir pagos de sus clientes y cancelar las facturas de sus proveedores. La bancarización forzosa afectó sobre todo a las pequeñas explotaciones económicas que operaban en negro, gran cantidad de las cuales no pudieron adaptarse y suspendieron su actividad, lo que potenció la recesión y la desocupación. El malestar social creció rápidamente con las limitaciones financieras, la profundización de la recesión y la desocupación que, es necesario recordarlo, no era asistida. El 19 de diciembre hubo saqueos en algunas zonas del Gran Buenos Aires, rápidamente controlados; en la noche del 19 al 20, luego de la implantación del Estado de Sitio, se produjo el primer "cacelorazo" espontáneo e importante en contra del gobierno; el 20 de diciembre hubo enfrentamientos y muertos en los aledaños de la Casa Rosada mientras en la Cámara de Diputados, algunos legisladores iniciaban los primeros trámites para el juicio político al presidente De La Rúa. Al promediar la tarde, el presidente renunció. Se había iniciado una gravísima crisis institucional y muchos observadores creyeron que una guerra civil era inevitable. Veremos en el próximo capítulo la forma en que se resolvió la crisis, tanto en el aspecto institucional como en el económico, resolución que es la base del optimismo que uno puede albergar sobre el futuro de la Argentina. Pero previamente es necesario resumir las causas de la crisis, porque, como veremos más adelante, son más culpables quienes dejan generarse las situaciones de tensión, que quienes por resolverlas, pueden incurrir en errores.

En apretada síntesis, se puede decir que es el exceso de fe en los conceptos económicos aplicados, los cuales estaban en sintonía con el pensamiento dominante en el mundo, lo que llevó a que la Argentina sobreactuara, haciendo muchísimo más que los países centrales inventores de estas teorías, sin ninguna precaución. La globalización fue tomada integralmente como si fuera una imposición de la realidad ante la cual no había nada que hacer. Son muy pocos los países de mundo que abrieron sus mercados de capitales en el nivel en que los abrió la Argentina, que realizaron una apertura irrestricta de las fronteras como la nuestra, que privatizaron prácticamente todas las empresas del Estado, que cedieron sectores estratégicos como el petróleo a inversores externos, y un porcentaje demasiado elevado del sistema financiero a bancos extranjeros. Pero no hay ninguno que haya hecho todo eso casi al mismo tiempo, no dejando margen para que los actores económicos afectados se acomodasen. Este exceso de fe llevó a que los desajustes que provocaron las privatizaciones, la apertura irrestricta, la libertad de movimiento de capitales, la distorsión de precios relativos y la desindustrialización con su consecuente desocupación y destrucción de parte del capital social, fueran considerados consecuencias indeseables, pero secundarias de un proceso que en sí era positivo. Hasta cierto punto, se puede admitir que en la etapa de gran crecimiento que va de 1991 hasta 1995, los éxitos hayan tapado los problemas, aunque no es admisible que quienes tenían como misión analizar la marcha de la economía y de la sociedad no hayan prestado más atención a las consecuencias perniciosas del proceso en marcha.

La crisis del Tequila en 1995, con la fuerte recesión que la acompañó y el salto cuantitativo de la desocupación debiera haber hecho tomar conciencia que algo fallaba en el modelo. Sin embargo, el entusiasmo se mantuvo igual, y la recuperación de 1996 y de 1997 tapó nuevamente el lado oscuro del proceso. Como el sector financiero resistió, en gran medida gracias a la ayuda del FMI, se subestimó el hecho de que el ajuste lo había realizado el sector real de la economía, y dentro de este el que no tenía posiciones monopólicas, lo que dañó parte del aparato productivo y abrió una grave herida en el cuerpo social del país. Este análisis erróneo llevó a que cuando en el segundo semestre de 1998, a raíz de la crisis rusa, disminuyeron fuertemente los flujos de inversión, y en enero de 1999 la devaluación brasileña acentuó los problemas de competitividad de la

Argentina y la sumió en una importante recesión, no cambió la confianza en el esquema en aplicación. Se produjo en ese momento un fenomenal error de diagnóstico que llevó a subestimar la pérdida de competitividad de la producción de bienes transables locales, como consecuencia del atraso cambiario y a no medir correctamente la pérdida de capacidad contributiva que acompañaba a esta situación. Se atribuyó el déficit y el incremento del endeudamiento externo al aumento del gasto público sin diferenciar entre gasto primario sin intereses y gasto total con intereses. Mientras que el primero se movió muy poco para arriba, el segundo conoció un gran aumento a raíz de la conjunción del aumento de las tasas del mercado, de los vencimientos de los bonos emitidos en 1991 a tasas bajas y su reemplazo por bonos a tasas mucho más elevadas, y del incremento de la deuda. No se entendió que la causa principal del déficit era la disminución de los recursos y el incremento de los gastos financieros sobre la deuda externa. En el año 2001, el pago de intereses representó 12.000 millones de dólares y se tomó este monto como inmodificable, a pesar de que las tasas de interés que se estaban pagando clamaban por una revisión que tenía que llevar forzosamente a una profunda reestructuración de la deuda. La influencia del sector financiero sobre el gobierno, y el endiosamiento del mercado, llevaron a considerar a las finanzas como mucho más importantes que la economía real, la cual, en el mejor de los casos, era vista como un subproducto de las mismas. De esta manera se trastocaba el orden natural de los factores. Se dio lo que un ex presidente del Banco Central de Italia, y luego Presidente de la Repúbica Italiana, Carlo Ciampi, calificaba como "la tentación luciferina de las finanzas", en clara referencia al ciclo infernal que se desata cuando el sector financiero tiende a transformarse en un fin en sí mismo. Se creyó que los problemas eran producidos por la crisis internacional con la disminución de actividad en los Estados Unidos, la devaluación del euro en el año 2001, de todas las monedas sudamericanas y las de los principales países del mundo; y que podían solucionarse con una adaptación interna mediante la flexibilización laboral y la deflación. Los enormes costos de la deflación y los ejemplos históricos de fracasos de los intentos deflacionarios de magnitud similar al que era requerido, fueron totalmente obviados u olvidados.

La enorme mayoría de los economistas aceptaron el dogma neoliberal y difundieron la creencia de que el éxito de los países se basa en maximizar el rendimiento del capital financiero, maximización que suponen se extiende automáticamente a toda la economía. Apoyaron, sin discernimiento, todas las medidas favorables a la ampliación del mercado y a la reducción del papel del Estado. Apoyaron las ventajas abusivas que consiguieron las principales empresas privatizadas ante la pasividad de los entes de control, argumentando que la seguridad jurídica era un bien primordial, lo que nadie discutía. Esta seguridad jurídica no hubiera debido impedir que, como era su deber, señalaran la complacencia de los entes de control con las empresas privatizadas. Atribuyeron la elevada desocupación a la falta de una flexibilidad laboral suficiente, sin querer admitir que con la mitad de la población con un empleo informal, y la otra mitad aterrorizada por la desocupación, más allá de las leyes, las empresas gozaban de los mercados laborales más flexibles del mundo. Tampoco les inquietó la creciente desigualdad en la distribución del ingreso, y no objetaron los exagerados fenómenos de concentración y extranjerización. Defensores del enfoque monetario del balance de pagos, minimizaron la importancia del déficit estructural de la cuenta corriente externa. En todo de acuerdo con la demonización del Estado y la entronización del mercado rey, aplaudieron la implementación del sistema privado de jubilación por capitalización, sin percartarse que las AFJP fueron una de las principales causas del déficit fiscal al desfinanciar el sistema estatal de jubilación.

Cuesta tener que decir que la mayoría de los economistas locales, seguidos por la gran mayoría de la clase dirigente, acompañó demasiado tiempo este desgraciado camino, por convicción o por interés. Hubo por suerte excepciones y hubo unos cuantos economistas que no se dejaron enceguecer por el pensamiento único. Pero su prédica se limitaba a su ambiente de actuación porque los medios les daban poco lugar; el público estaba en general poco interesado en recibir mensajes discordantes y por lo tanto angustiantes.

Era importante, antes de abordar la manera en que se resolvió la dramática crisis de fines del 2001, explicar el escenario y señalar las responsabilidades. El lector habrá podido constatar que mi manera de ver las cosas no coincide con la "vulgata" de la clase dirigente. En general se explicó la crisis de 2001, como una crisis provocada, una especie de golpe de estado civil, concentrando los proyectores sobre algunos hechos desgraciados. A mi juicio estos no tuvieron la importancia que se les atribuyó, y se silenciaron por completo los gravísimos errores de concepción y gestión que, desde por lo menos 1995, crearon el clima propicio para la eclosión del problema económico, financiero, social y político que se vivió a fines de 2001. Por otra parte, el lector tendrá que admitir que en la medida en que nos apartamos de la interpretación "correcta" de los hechos y descargamos la responsabilidad de la crisis en los gobiernos de los 6 años que la precedieron, estamos abriendo la posibilidad de albergar un optimismo fundamentado, ya que con su explosión, la crisis permitió la remoción de los obstáculos que paralizaron el país y lo llevaron al colapso de diciembre de 2001. Es lo que intentaremos explicar en los próximos capítulos.

CAPÍTULO 5

LA GRAVE CRISIS SOCIO POLÍTICA DE DICIEMBRE DE 2001 Y SU RESOLUCIÓN INSTITUCIONAL

El primer motivo de optimismo sobre el futuro de la Argentina surge de apreciar que una crisis de la envergadura de la de fines de 2001, que planteaba angustiantes desafíos económicos, sociales y políticos, pudo ser resuelta institucionalmente, dentro del marco que fija la Constitución Nacional. Por supuesto, para compartir esta visión, hay que aceptar que los problemas existían antes de la renuncia del Dr. De La Rúa, tal como lo hemos explicado en los dos capítulos anteriores. Distinta será la apreciación de quienes comparten la visión de gran parte de la clase dirigente en los primeros momentos, visión que ha perdido adeptos pero que sigue siendo sostenida por una porción todavía importante del establishment. Ésta sostiene que la renuncia del presidente De La Rúa y la devaluación de la moneda decidida por el gobierno que tuvo a su cargo el fin de su mandato, fueron dos grandes desgracias evitables que provocaron la totalidad de los problemas que vivió la Argentina a fines de 2001 y principios de 2002. Según esta particular manera de ver la historia, los problemas suceden a la crisis pero no la anteceden. Quienes piensan así, minimizan los problemas previos, para

97

cargar las tintas sobre los problemas que se manifestaron después, como si la Argentina de 2002, hubiera sido una criatura que no tuviera nada que ver con la Argentina de los años anteriores y hubiera sido engendrada por algunos seres malignos.

Para centrar el debate sobre la realidad, es necesario recordar que la fuga de divisas durante el año 2001, antes de la crisis, alcanzó el nivel de 20.000 millones de dólares, el equivalente al 80% de la totalidad de las exportaciones. De estas divisas fugadas, 6.000 millones pertenecían a las reservas de los bancos privados y 14.000 millones a las reservas del Banco Central que cayeron a la mitad. Que estas divisas que fugaban, eran acompañadas o provocaban retiros masivos de depósitos que obligaron a los bancos a acentuar el corte del crédito por lo que se agravó la recesión y la desocupación. Que a pesar de contar con masivos adelantos del Banco Central, los bancos no solamente habían perdido su liquidez sino también, en la mayoría de los casos, su propia solvencia. Que a pesar de los recortes de sueldos y jubilación de los empleados del estado, recortes que fueron ampliamente imitados por el sector privado, no se redujo el déficit pero se acentuaron aún más la deflación y la recesión. Que la caída del PBI en 2001, para todo el año fue de 4,5%, pero que el INDEC nos menciona una caída de 11.7% del producto en el último trimestre, que dado los efectos contractivos de la aplicación del corralito bancario el 1 de diciembre, permite inferir una caída muy superior en ese mes considerado individualmente. Que de no haber ocurrido la devaluación, el tobogán de la caída del PBI se hubiera seguido deslizando con una pendiente aún mayor, porque no existía ninguna medida en diciembre de 2001, que permitiera albergar el menor optimismo sobre la actividad económica futura. Y que por lo tanto, la pobreza y la indigencia se habrían seguido incrementando hasta el cambio de una política que ya no aportaba respuestas a los problemas planteados. Que en octubre de 2001, la desocupación alcanzaba el 18%, y que por lo tanto la desocupación en diciembre, de haberse medido hubiera dado un guarismo ya muy superior. Que es en noviembre que el FMI decidió que el programa argentino ya no era viable y suspendió el desembolso de 1.250 millones de dólares de la cuota del blindaje, suspensión que aceleró el pánico bancario y colocó a la deuda externa argentina en una situación de default de hecho. Que durante todo el año se fue acentuando el malestar social, el cual alcanzó su pico máximo con las medidas de bloqueo de las cuentas bancarias.

En definitiva, es fácil constatar que es antes de la crisis que se degradaron todos los indicadores que miden la actividad económica y la realidad social, que se congelaron los depósitos, que se implantó un control de cambio y se llevó la deuda externa a un default de hecho. Esto significa que es antes de la crisis que se violaron los contratos y se destrozó la seguridad jurídica en lo que respecta a la intangibiliad de los sueldos y jubilaciones, a la libre disponibilidad de los depósitos y al giro de fondos al exterior. Es evidente que estas violaciones de la seguridad jurídica no surgían de la perversidad de los gobernantes sino de la situación de necesidad que los obligaba a actuar para evitar lo que estimaban hubiera sido peor. El país estaba en emergencia, pero las autoridades no se animaban a decirlo ya que no querían admitir que la emergencia surgía de los graves errores del programa en aplicación. No pensaban cambiar nada y esperaban alguna solución milagrosa que, estaba claro, el mundo cansado de los pases de magia del ministro Cavallo no iba a facilitar. Basta recordar que el día en que se implantó el corralito, el dólar se cotizaba a dos pesos en Montevideo, o sea el doble que la paridad oficial, para darse cuenta que la devaluación también ya estaba escrita en los hechos, aunque las autoridades aferradas a su ideología no se animaran a reconocer la realidad.

Está claro por lo tanto que la crisis económica y el colapso de la convertibilidad son anteriores a la crisis política, porque la debacle económica antecede a aquella. No hay que olvidar que en un país capitalista como la Argentina, son millones los agentes económicos grandes, medianos y chicos que deben tomar decisiones importantes todos los días. En diciembre de 2001, después de varios años de luchar contra la adversidad, fuertemente agravada en los últimos meses, estos agentes económicos se encontraron con sus derechos conculcados, y un gobierno paralizado. Lo único que atinaban a dejar entrever las autoridades, era una dolarización técnicamente imposible y repudiada por la gran mayoría de la opinión pública. Una vez que se ha repasado el estado de situación que se vivía en diciembre de 2001, es más fácil interpretar el estado de efervecencia de la sociedad y entender los acontecimientos que se sucedieron.

Como ya lo hemos visto, el punto de inflexión de la crisis lo constituyó el bloqueo de las cuentas bancarias vía el corralito. Las colas para la bancarización forzosa, el corte de la cadena de pagos, las quiebras, los despidos, todo se conjugaba para enrarecer el clima social y político. El 18 de diciembre, el Presidente De la Rúa asistió a una reunión multisectorial que se realizó en la sede de Caritas, la organización de la Iglesia Católica que se ocupa de la ayuda a los carenciados, con la presencia del entonces presidente de dicha organización monseñor Jorge Casaretto. El Presidente escuchó las fuertes críticas que surgieron de distintos representantes de las actividades económicas allí representadas, en su mayoría nucleamientos representativos de pequeñas empresas y comercios. No pudo dar respuestas a las inquietudes que se manifestaron abiertamente y se retiró de la reunión mucho antes de agotarse el debate. En la calle su custodia tuvo que enfrentar la agresividad de grupos de manifestantes. Estaba claro que el cuadro social del país se recalentaba, y esto se debía al agravamiento de la recesión y al incremento del número de los desocupados que prácticamente no contaban con ningún apoyo organizado por parte del gobierno. Hasta entonces habían vivido de la generosidad de sus familiares, pero al agravarse la crisis, cada vez eran más los que quedaban sin ninguna ayuda debido a la pérdida del empleo o la disminución de la remuneración de los familiares que los ayudaban. El 19 de diciembre, en horas de la tarde se produjeron saqueos en varios supermercados en distintas zonas del Gran Buenos Aires. Un clima de zozobra se vivió en todo el país ante los acontecimientos, pero al caer la noche la situación estaba controlada sin que hubiera que deplorar víctimas. Estos saqueos, son atribuidos por quienes hablan de complot para derrocar al Dr. De la Rúa al aparato político del justicialismo de la Provincia de Buenos Aires. No se puede descartar que algunos punteros políticos hayan azuzado a la gente, lo que sin duda es lamentable e ilegal, pero lo concreto, es que el desorden fue localizado, y duró pocas horas por lo que el 19 a la noche los incidentes se habían superado. Este embate, deplorable sin duda, por sí solo no tenía la entidad para derribar ningún gobierno. Pero a las 22 horas, el Presidente dirigió un mensaje televisivo a la Nación en el que se limitó a repudiar los actos de vandalismo, y anunciar la implementación del Estado de Sitio, sin la menor autocrítica sobre la política aplicada. De manera sorpresiva, sin que nadie convoque a nadie, se produjo el novedoso y curioso fenómeno de la autoconcentración de pequeños grupos de ciudadanos en los barrios de la Capital. Estos grupos venían munidos de cacerolas que sacudían, para con el estruendo obtenido, repudiar el discurso del Presidente. Estos grupos convergieron hacia la Plaza de Mayo y alrededor de la media noche, el paseo situado frente a la Casa de Gobierno estaba colmado por familias enteras que provenían de todos los barrios de la Capital y agitaban sus cacerolas como protesta pacífica ante la implementación del Estado de Sitio que rememoraba, de manera ingrata, la época de las dictaduras. A mi juicio, es esta manifestación la que tuvo un efecto político demoledor por provenir mayoritariamente del electorado de la Alianza o sea el propio partido del Dr. De la Rúa. La enorme manifestación duró pacíficamente hasta la madrugada en que la policía decidió liberar la plaza lo que provocó corridas y disgusto de la ciudadanía allí reunida. Esta manifestación tuvo un fuerte impacto sobre los legisladores de la Alianza. Ante el cariz que tomaban los acontecimientos, algunos legisladores justicialistas empezaron a trabajar sobre un pedido de juicio político al Presidente.

El día 20, a partir de las 11 de la mañana pequeños grupos se reunieron en la plaza y desde cerca del mediodía fueron hostigados por la policía que había recibido ordenes de despejar la plaza de acuerdo a lo previsto por el Estado de Sitio. Los incidentes fueron creciendo en violencia y durante la tarde hubo que deplorar la muerte de varias personas a raíz de los enfrentamientos con la policía. Ante el cariz que tomaban los acontecimientos y conocedor de la tramitación de su pedido de juicio político, el Dr. De la Rúa optó por renunciar a su cargo al finalizar la tarde del 20 de diciembre. Si el lector se toma el trabajo de repasar los acontecimientos que se sucedieron durante todo 2001, con la aceleración negativa de las últimas semanas, se dará cuenta, que el Dr. De la Rúa renunció ante su incapacidad de gobernar un país que había llegado a una crisis social, económica y política muy grave. Sin su vicepresidente que había renunciado en octubre de 2000, acosado por varios de sus propios legisladores además de los de la oposición, sin su ministro de economía Domingo Cavallo que había renunciado este mismo día, el Presidente tenía motivos como para sentirse solo.

En un país presidencialista, en que el gobierno depende del titular del Poder Ejecutivo, la renuncia del Presidente es siempre un acontecimiento dramático, máxime cuando no ocupa su puesto quien debería sucederle automáticamente, el vicepresidente. Pero a fines de diciembre de 2001, esta renuncia desnudaba el fracaso de una concepción de la política en general y de la política económica en particular. Este fracaso implicaba cambios profundos, cambios que tanto en el orden político como sobre todo en el económico iban a suscitar enormes resistencias. Eran muchos los intereses en juego y muchísimos los que habían sido perjudicados por la política anterior. El cambio era inevitable, la convertibilidad ya no era más que una cáscara vacía, el vínculo de paridad entre el peso y el dólar debía caer. A pesar de esto la devaluación inevitable llenaba de espanto a una sociedad que se había alimentado durante once años de la creencia de que sin paridad fija no se podía vivir. Además, los grandes beneficiarios del mecanismo, el sistema financiero y las empresas privatizadas que remesaban las importantes utilidades obtenidas por contratos generosos e indexados hasta hacia poco, al tipo de cambio de la paridad, se aprestaban a defender con uñas y dientes un régimen tan benéfico para ellos. Grandes economistas que las asesoraban asustaban a la opinión pública con las consecuencias de la devaluación. Importantes personajes de la política española se hicieron presentes en Buenos Aires en esos días inciertos, presionando sutilmente para que la nueva política dañe lo menos posible al sector de servicios privatizados donde las empresas españolas tenían fuertes intereses. De no haber tenido un tejido institucional mucho más fuerte de lo que parecía, la Argentina hubiera podido dejarse tentar por alguna aventura totalitaria, o en todo caso el riesgo de un enfrentamiento entre fracciones enfrentadas estaba latente. Es por otra parte lo que los observadores extranjeros que seguían el doloroso espectáculo temían que ocurriera.

Sin embargo, asumió interinamente la presidencia el presidente provisional del Senado, el Dr. Ramón Puerta. Su misión consistía en asegurar la continuidad del Estado hasta la reunión de la Asamblea Legislativa destinada a la elección de cuál de los gobernadores o legisladores reemplazaría al presidente renunciante. En la noche del 23 al 24 de diciembre, se reunió esta Asamblea que en la madrugada del 24 de diciembre eligió para el cargo al gobernador de San Luis, el Dr. Adolfo Rodríguez Sáa. El nuevo presidente fue elegido por una exigua mayoría, ya que esencialmente votaron por él los representantes del partido justicialista, y su mandato se limitaba a 3 meses, ya que debía en este plazo convocar a elecciones para la designación de un nuevo Presidente y su Vice. En su discurso de aceptación ante la Asamblea, el Presidente Provisional de la Nación reconoció que la deuda externa del Estado argentino era impagable y declaró su default en esta ocasión, provocando una aclamación de satisfacción de la gran mayoría de los legisladores presentes, la que fue muy criticada por los acreedores, y constituyó, en efecto, una falta de tacto de magnitud. Por otra parte, ratificó el mantenimiento de la convertibilidad, lo que era un grave error, ya que conservaba el instituto causante de la profunda crisis. Dada la situación del mercado financiero no tenía ningún medio para llevar a cabo su promesa. El nuevo Presidente convocó en su gabinete a algunas figuras del justicialismo ampliamente desprestigiadas por actos de corrupción y se dejó llevar por una demagogia divorciada de la intensidad de la crisis que vivía el país. Con la exigua mayoría de que disponía fue rápidamente evidente que no podría gobernar ya que no se animaba a enfrentar los verdaderos causales de la crisis. El default constituía una de las medidas necesarias, pero sólo tenía sentido si se insertaba en un replanteo completo de la política económica que había llevado al país a la falencia externa y a la quiebra social. A la semana de su asunción fue obligado a renunciar luego del desaire que tuvo que soportar cuando la enorme mayoría de los gobernadores provinciales del justicialismo, convocados a una reunión en la residencia de Chapadmalal, no se hizo presente. Nuevamente se vivieron horas de gran tensión en que lo peor era imaginable. Sin embargo, otra vez fue convocada la Asamblea Legislativa y esta vez, gracias a un acuerdo entre el radicalismo y el justicialismo, el 1 de enero de 2002, el Dr. Eduardo Duhalde entonces senador por la provincia de Buenos Aires, fue designado presidente con más del 90% de los votos. Pero esta vez, los legisladores interpretaron con acierto que las condiciones de un llamado a elecciones no estaban reunidas, y lo designaron para terminar el mandato del Dr. De la Rúa. En el discurso que pronunció al aceptar el cargo, este mismo 1 de enero cerca de la medianoche, el Dr. Duhalde fue claro al anunciar que la convertibilidad era la responsable de la crisis económica y social inédita que vivía el país, y que el "pensamiento único" que la defendía había sido elaborado y propalado por quienes se beneficiaban de ella, entre los que señaló al sector financiero. Manifestó su intención de salir de la paridad fija para estimular los sectores productivos. Lo que ocurría en la Argentina era, ahora sí, un cambio de fondo, ya que los partidos políticos, cortando sus estrechos vínculos de los últimos años con el establishment, decidieron retomar en sus manos la conducción del país para defender los intereses de la nación. No se recalcó suficientemente, el rol fundamental que jugaron en este cambio histórico, el ex oficialista partido radical y los principales componentes de la Alianza. Éstos no vacilaron en sumar sus votos a los del justicialismo para transmitir el poder que había dejado vacante su candidato, al del partido opositor que había sido vencido en octubre de 1999. Con esta actitud, las ex fuerzas políticas oficialistas que pasaban a ser opositoras, priorizaban la gobernabilidad por sobre los intereses partidarios y hacían posible la implementación de un modelo de desarrollo alternativo. Fueron pocos los analistas políticos que entendieron la trascendencia de este proceso. El renacimiento de la política que implicaba pasó desapercibido, debido al desprestigio en que habían caído, justificadamente, los políticos y que, paradójicamente, alcanzaba su pico justamente cuando decidían cumplir con su deber. Considero que este signo de madurez de las fuerzas políticas desprestigiadas en un país al borde del abismo, es un indicio alentador de las reservas de sensatez que anidan en la sociedad argentina.

Este nombramiento oportuno de un político cuestionado por su pasado pero que representaba la mayor posibilidad de gobernabilidad en la situación límite por la que atravesaba la sociedad, era el primer paso de largos meses de una lucha mano a mano con el caos y la miseria. El 6 de enero, el Parlamento votó la Ley de emergencia económica que disponía el abandono de la convertibilidad, es decir una devaluación que se intentaba compensar en parte con complicados mecanismos. Por ahora contentémonos con recordar que se pesificaron a la paridad original todas las deudas en dólares entre particulares y entre los particulares y las instituciones financieras. Los depósitos en dólares en los bancos se pesificaron a la tasa de 1,40 pesos por dólar, tasa que fue la de la devaluación inicial y como se los congelaba por un tiempo, se los indexaba por el costo de vida. La devaluación posterior fue de más del 200%, y los depositantes recurrieron a la Justicia para la devolución de sus depósitos al tipo de cambio del mercado. Con una insólita velocidad, la Corte Suprema de Justicia que había siempre respondido a Menem que había nombrado a la mayoría de los jueces, dio razón a los ahorristas en el conocido caso Smith a principios de febrero de 2002. A pesar del caos financiero, y de la sangría de los depósitos que aún con las restricciones del corralito era mayor a la prevista, el gobierno se enfureció contra la Corte pero aceptó los fallos de los tribunales. Estos con una diligencia poco común en la Justicia argentina, tramitaron decenas de miles de casos de amparos en que exigían a los bancos el pago a valor de mercado del 50% de la imposición del querellante. El Banco Central tuvo que auxiliar a los bancos, y esa emisión monetaria potenció la devaluación, pero la independencia de la Justicia fue respetada. Los dueños de inmuebles, los asalariados, los jubilados vieron depreciarse su capital y sus ingresos por la devaluación, pero los depositantes bancarios obtuvieron de la Justicia una disposición particular. Alguien comparó lo que se vivió en la Argentina con los amparos bancarios, con un naufragio en que los pasajeros de primera clase obtenían el derecho a embarcar en los botes salvavidas mientras que la masa de los pasajeros del barco se tenían que conformar con precarios salvavidas. Sin embargo, la independencia de los poderes fue respetada, y si bien se puede criticar el agravamiento de la situación general, en particular la de los millones de desocupados, que el privilegio de unos pocos ocasionaba, el respeto por la Justicia demostraba que las instituciones funcionaban en la Argentina aún en situaciones límite.

Otra decisión trascendental que fue muy resistida por parte del establishment fue la invocación de la emergencia económica para la pesificación y congelación de las tarifas de todos los servicios privatizados. Fue una decisión indispensable dado el nuevo marco macroeconómico que se imponía y sin la cual no se habría producido en la intensidad suficiente, el cambio de precios relativos que era indispensable para relanzar la producción nacional de bienes transables. Por fin, la última medida de fondo que completaba el cambio de modelo y le daba coherencia, fue la implementación de las retenciones a las exportaciones de productos primarios en los que se incluyeron las exportaciones de petróleo.

Esta última medida fue resistida por la gran mayoría de las asociaciones representativas del campo, así como por los poderosos intereses petroleros. Sin embargo el gobierno mantuvo con firmeza la aplicación de la medida que cumplía dos funciones complementarias e indispensables en el nuevo esquema adoptado: proveer recursos al fisco para equilibrar el presupuesto, y limitar la traslación de la devaluación a los precios por el porcentaje de las retenciones. El control de cambio de hecho e imperfecto que venía del corralito se completó pero sólo empezó a funcionar realmente en el mes de abril. Esto explica que sea éste el momento en que la cotización del dólar cayó de su pico de 4 pesos alcanzado en las vísperas de Pascuas a los 3,60 que mantendría hasta su lenta revaluación al final del año 2002.

A todo esto, en una decisión loable, el gobierno había convocado a lo que se llamó "La Mesa del Diálogo Argentino" un foro que reunía a los responsables de las principales religiones y los sectores más importantes de la sociedad civil alrededor del representante de las Naciones Unidas en el país, el embajador Angulo Barturén cuyo desempeño en estos días aciagos fue sobresaliente. La Mesa del Diálogo sirvió para que los distintos sectores compartieran sus experiencias y aprendieran a entender que los problemas de un sector no pueden ser indiferentes a los demás. La principal propuesta, aportada por los representantes de la Iglesia Católica y promovida por el entonces presidente de Cáritas, el obispo de San Isidro, Monseñor Jorge Casaretto, consistió en la idea de una ayuda universal de emergencia a todos los desocupados padres de familias de hijos menores de 18 años. Recién a mitad de mayo se efectivizó el plan Jefas y Jefes de hogar que consistía en una ayuda de 150 pesos a quienes reunían las condiciones previstas. Se estableció que una comisión en cada municipalidad, constituida por el intendente, los representantes de la cámara de comercio y de las principales religiones supervisarían las solicitudes de inscripción a fin de evitar el clientelismo político. Cerca de dos millones de personas tuvieron acceso a esta ayuda que alivió, aunque de manera insuficiente, la penosa situación en que se debatían centenares de miles de hogares.

Es dable apreciar, que en un trimestre, en medio de la crisis heredada, agravada por el caos que introdujo la modificación del sistema cambiario, piedra angular de la nueva política, el gobierno, es decir la instancia política, supo imponer las medidas complementarias que transformaban el nuevo esquema de tipo de cambio competitivo en un motor que impulsaría la recuperación. Para eso, tuvo que enfrentar a los sectores del establishment que habían actuado como verdaderos hacedores de política económica en toda la década anterior. El sector financiero, las empresas privatizadas, grandes empresas industriales que habían orientado su producción hacia la armaduría de componentes importados, se enfrentaron duramente con el gobierno directamente o por intermedio de sus voceros económicos, los grandes centros de pensamiento económico neoliberales. El FMI, que quería cobrar cuanto antes los 5.000 millones de dólares que había prestado imprudentemente en agosto de 2001, en vez de colaborar para solucionar la crisis, contribuyó a agravarla pretendiendo que se suprimiera el control de cambio y que se deje flotar libremente el dólar en el mercado sin ninguna intervención del Banco Central. Este sector de opositores poderosos, era muy tímidamente compensado por los beneficiados por la nueva política de precios relativos. Estos no entendieron al principio en su totalidad, el provecho que iban a sacar de la misma y aún cuando lo tuvieran claro no tenían las mismas motivaciones para exteriorizar su apoyo. El gobierno resistió todos los embates, demostró la flexibilidad suficiente para ceder al FMI algunos aspectos formales pero no cambió nada a su estrategia de fondo y gracias a esto, ya desde el segundo trimestre de 2002, se inició la recuperación de la economía argentina, tímida al principio, pero sostenida y con un ritmo cada vez mayor. El país le agradecerá al Dr. Duhalde, cualquiera que sean los reparos que se pueda tener sobre su vida política anterior, el haber piloteado el Ejecutivo en esos meses de tormenta, y al ministro Jorge Remes Lenicov secundado por Jorge Todesca el haber instrumentado lo esencial del nuevo modelo. Cuando, desgastado por las luchas internas y externas, Remes Lenicov tuvo que renunciar, el Presidente Duhalde, asesorado por el ex presidente Raúl Alfonsin, hizo una elección que la Nación le agradecerá también. Nombró al Dr. Roberto Lavagna al frente del ministerio de economía. El nuevo ministro entendió perfectamente que lo esencial había sido hecho. Además de pulir y perfeccionar las políticas aplicadas en la urgencia de la crisis, se dio cuenta que era necesario dar confianza a los argentinos enfatizando el rumbo elegido tras la devaluación. Para eso no vaciló en denostar al régimen anterior, el de la convertibilidad. Claramente explicó que la devaluación no había sido un hecho voluntario, sino la lógica consecuencia de la multitud de inconsistencias que formaban parte del mecanismo de la convertibilidad. Recordó los efectos dañinos de la distorsión de los precios relativos y del endeudamiento sin límites que conoció el país durante los años noventa. Esto le permitía insistir sobre los efectos benéficos que la devaluación estaba teniendo sobre el flujo genuino de divisas vía el superávit comercial, la rentabilidad de los sectores transables en general y exportadores en particular y cómo empezaba a funcionar el mecanismo de la sustitución de las importaciones. Se enfrentó, sin miramientos, con los defensores de la convertibilidad, y les recordaba que eran ellos los verdaderos responsables del dislate que conoció la economía nacional. Como lógica consecuencia de este discurso, surgía que el acuerdo con el FMI aceleraría la salida de la crisis, pero que la Argentina tenía recursos suficientes para, con la política que se estaba aplicando, salir sola del atolladero. De hecho, retomaba el discurso inicial del presidente Duhalde, y valoraba el modelo productivista que éste había apenas esbozado ante la Asamblea Legislativa el 1 de enero de 2002. Estos conceptos, y su forma de actuar sutil y diplomática pero firme, serenaron los ánimos. Cuando terminó el primer semestre de 2002, era evidente que el clima de la economía argentina había cambiado para mejor, si bien el país seguía en una situación delicada. La decisión del presidente Duhalde de acortar su mandato y hacer entrega del mando el 25 de mayo de 2003, a pesar de ser recibida con escepticismo por muchos, contribuyó decisivamente a mejorar las expectativas, ya que la opinión pública depositaba una gran esperanza en las posibilidades de gobierno efectivo de un presidente elegido mediante el sufragio universal.

Porque la ruptura de la crisis desató la vindicta de la opinión pública contra los políticos. Es cierto que en la década de la convertibilidad, el "pensamiento único" fue absorbido por la enorme mayoría de la población lo que permitió a los grupos económicos concentrados influenciar de manera sistemática a la clase política. Como ésta proviene de la misma sociedad, fue ella también convencida de la conveniencia para el país de las propuestas del Establishment. Hubo casos desgraciadamente, en que además del convencimiento, ventajas económicas directas o indirectas influenciaron votaciones, pero como esto es prácticamente imposible de probar y no puede haber sido una práctica generalizada, es más realista atribuir lo que se puede calificar como la abdicación de la política a la renuencia a plantearse soluciones alternativas a la lógica del Establishment. El filósofo Tomás Abraham termina un artículo escrito sobre este tema en agosto de 2002 con esta contundente afirmación:

Porque hace tiempo que no nos gobiernan los políticos. No hace falta que se vayan todos, porque hace rato que se fueron, pero no necesariamente por cobardía, sino porque un vasto sector de la sociedad civil nunca ha apoyado a los políticos que han querido iniciar un camino mejor y ha estado detrás de los factores de poder que han arruinado a la Argentina.[14]

Los políticos se habían transformado en funcionales al establishment, y es por eso, que en la segunda mitad de 2001, cuando ya para muchos estaba claro que la convertibilidad terminaría en un desastre, se desataron varias campañas tendientes a cargar toda la culpa de lo que estaba ocurriendo sobre la clase política. Como decentemente no se la podía acusar de la legislación vigente, casi toda pedida por los sectores económicos concentrados, se optó por atribuir al costo de su sustento los problemas de la convertibilidad. Sin duda había muchos abusos en algunas provincias, pero aunque indignantes, los sobresueldos de algunos legisladores de provincias pobres no podían tener ningún efecto sobre el panorama macroeconómico del país. Por otra parte, en muchas de estas campañas, se barajaron costos de la política absolutamente fantasiosos, que según el origen del trabajo, saltaban alegremente de 13.000 millones de dólares anuales a los 20.000 millones de la misma moneda. Se mezclaron los datos y se barajaron sumas astronómicas para impresionar al lector no informado, reuniendo en una misma bolsa los gastos de funcionarios políticos electos con los gastos de funcionamiento de reparticiones del Estado en su integralidad, confundiendo, adrede, política con administración. La opinión pública, que mayoritariamente había apoyado las políticas del establishment y por lo tanto de los políti-

[14] Abraham Tomás, "La paz social de Menem y los factores de poder", *La Nación*, 9 de agosto de 2002.

cos, cuando la crisis explotó, se olvidó de sus simpatías anteriores y concentró sus dardos contra los políticos. Así surgió el "que se vayan todos" una reacción infantil de mal humor irrealizable. Los políticos provienen de la propia sociedad como los cirujanos, y de la misma forma que sería impensable reemplazar a todos los cirujanos porque algunas operaciones salieron mal, era impensable reemplazar a todos los políticos. De hecho, después de los traumatismos que acompañaron la salida de la convertibilidad, salida que fue obra de los vilipendiados políticos que reasumieron su papel y se enfrentaron al establishment, la opinión pública pudo evaluar con más equilibrio lo que había sucedido. Esto explica la reanimación de la vida política en la segunda mitad de 2002, y el inobjetable desarrollo de las elecciones de abril de 2003 que mostraron una participación ciudadana ejemplar.

La economía argentina acentuó su recuperación en el segundo semestre de 2002, período durante el cual se empezaron a percibir de manera sensible las ventajas que acompañaban la nueva estrategia en aplicación. Además, si bien desde un nivel muy alto –ya que en el primer trimestre se degradó sensiblemente la situación social y había aumentado la desocupación– este flagelo se estabilizó primero y luego empezó lentamente un proceso de descenso. La nueva relación de precios relativos favorecía el empleo al abaratar el costo en dólares de la mano de obra, lo que elevó a 1 el índice que correlaciona el incremento del producto con el incremento de la ocupación, índice que estuvo en 0,4 durante la mayor parte de la década de los noventa. Los defensores de la convertibilidad hablaron de recuperación efímera que no podía durar por falta de inversión y acuñaron la expresión de "veranito económico". Como este veranito sigue hasta el día de hoy, está claro que estaban equivocados, lo que entendió la opinión pública que empezó tímidamente a apoyar el proceso político en marcha. En concordancia con el "que se vayan todos", se intentaron formar nuevas agrupaciones políticas, pero muy pocas consiguieron superar los primeros trámites, ya que el accionar político requiere de gran vocación y constancia. Es por ello, que a las elecciones de abril de 2003, se presentaron los partidos tradicionales, el justicialista y el radical, y nuevas formaciones como el ARI de la diputada Elisa Carrió, prestigiada por su implacable lucha contra la corrupción, Recrear el partido de centro derecha del Dr. Ricardo López Murphy, y algunos referentes de la izquierda. La gran novedad la dio el partido justicialista. En vez de aceptar elecciones internas en el partido dominado por fieles al ex presidente Carlos Menem, el justicialismo de la provincia de Buenos Aires, o sea el aparato político del presidente Duhalde exigió que se realizaran internas abiertas el mismo día de las elecciones. Por lo tanto, el partido justicialista presentó bajo denominaciones distintas, a tres candidatos: el Dr. Nestor Kirchner aliado a Duhalde y que representaba la continuidad del esfuerzo normalizador en marcha, el Dr. Carlos Menem que representaba el retorno a políticas afines a la convertibilidad, y el Dr. Adolfo Rodríguez Sáa con un programa que quería ser desarrollista.

El ganador de la primera vuelta de las elecciones para presidente, fue el Dr. Carlos Menem, pero con apenas 23,9% de los votos y una mínima diferencia sobre el Dr. Nestor Kirchner que obtuvo el 21,8%. Tercero, luego de una muy buena elección, se colocó el Dr. Ricardo López Murphy con un 16,8%. Después seguían, casi en el mismo nivel, la Dra. Elisa Carrió con 14,4% y el Dr. Adolfo Rodríguez Sáa con 13,4%. El menemismo que había asegurado que obtendría una abultada diferencia en la primera vuelta sobre el segundo, sufrió como una derrota la magra ventaja. Terminó de perder toda chance, cuando Carlos Menem la misma noche de los comicios no pudo esconder su desilusión y se presentó rodeado de personajes asociados con la corrupción y la farándula de la década de los noventa. Antes de la oficialización de su candidatura para la segunda vuelta, renunció a presentarse por lo que el Dr. Nestor Kirchner, el candidato apoyado por el Dr. Duhalde y parte del electorado independiente, fue designado para asumir la presidencia de la Nación.

El 25 de mayo de 2003, el Dr. Nestor Kirchner juró como nuevo presidente para terminar hasta diciembre de 2003 el mandato trunco del Dr. De La Rúa y a partir de allí cumplir con los 4 años de su mandato constitucional. El nuevo presidente asumió sus funciones ante un pueblo de buen humor que aguardaba con esperanza el inicio de su mandato. El 22% de sufragios recogidos en la primera vuelta puede inducir a error el observador desprevenido, que no tome en cuenta que en las encuestas previas al ballotage abortado, más del 70% de los votantes se habían pronunciado a favor del nuevo presidente. Era tan abultada la diferencia que ésta empujó la abstención de Carlos Menem que no quiso pasar a la historia con una derrota tan apabullante. Lo concreto, es que la gran mayoría de la población, que empezaba a darse cuenta que el país reaccionaba ante el nuevo esquema económico, estaba muy aliviada de haber apartado al fantasma de Menem. Éste estaba indefectiblemente asociado a la convertibilidad y a la crisis impiadosa que castigó al país desde fines de 1998.

Néstor Kirchner que había sido gobernador de la provincia de Santa Cruz, una rica zona petrolera y con una población de menos de 300.000 habitantes, tenía fama de ser un administrador puntilloso y obsesivo y los especialistas temían que el gobierno nacional le quedara grande. En su discurso ante la Asamblea Legislativa, expuso con claridad su programa de gobierno que consistía en profundizar el cambio de modelo iniciado por Eduardo Duhalde. Se comprometió a favorecer un capitalismo nacional, a desarrollar el consumo interno, a fomentar las acciones de un Estado regulador de la economía, a luchar frontalmente contra la evasión fiscal, y a favorecer con la fiscalidad la inversión y el empleo. Llamó la atención el énfasis con el cual recalcó que "debe observarse la sabia regla de no gastar más de lo que entra, para no emitir ni endeudarse" aseveración curiosa en la boca de un gobernante que muchos observadores calificaban como de "izquierda". También fue claro en el tema de la deuda externa al decir que su gobierno tenía tres objetivos: "la reducción de los montos de deuda, la reducción de las tasas de interés y la ampliación de los plazos de madurez y vencimientos de bonos".

Luego de estas claras definiciones y apenas finalizadas las ceremonias de la asunción del mando, el nuevo presidente se dedicó a gobernar con una febrilidad tan intensa que parecía querer tomar distancia con la lentidud de De la Rúa. Nombró un gabinete de buen nivel, en que se destacaba el mantenimiento del Dr. Roberto Lavagna en el ministerio de economía. En pocos días tomó una serie de medidas que demostraban que no era simplemente el títere de Eduardo Duhalde, sino que pretendía ejercer de manera cabal y con todos los atributos el cargo para el cual había sido elegido. Descabezó la cúpula del Ejercito al nombrar en el cargo de comandante en jefe al general Julio Bendini, responsable hasta entonces de la brigada blindada estacionada en la provincia de Santa Cruz y conocido suyo. Este cambio provocó malestar en el ejército pero el nuevo presidente ratificó su autoridad al confirmar su decisión y contó con el apoyo de la opinión pública. En la Marina y la Fuerza Aérea los cambios fueron mucho menos traumáticos. Inmediatamente creó el clima propicio para que la Cámara de diputados inicie el juicio político a Julio Nazareno el presidente de la Corte Suprema, ex socio de Menem, que encabezaba lo que se llamaba la mayoría automática con la que podía contar el ex presidente. Le siguieron el inicio de los juicios políticos, a los jueces Eduardo Moliné O´Connor, Adolfo Vásquez y Guillermo López. Los cuatros renunciaron cuando se empezó la sustanciación de sus respectivos juicios. Para reemplazarlos, el presidente propuso al Senado, al Dr. Eugenio Zaffaroni, un jurista brillante pero defensor a ultranza de la teoría garantista, lo que escandalizó a los sectores más conservadores. Para la segunda vacante, propuso a una mujer, la Dra. Carmen Argibay reconocida internacionalmente al desempeñar un cargo en un Tribunal Internacional en La Haya, y para la tercera vacante, a otra mujer, la Dr. Elena Highton de Nolasco de perfil más conservador. A fines de 2004 se conoció el envío al Parlamento para su aprobación o rechazo del pliego del Dr. Ricardo Lorenzetti, un jurista de Rosario, para cubrir la cuarta vacante. La intención declarada del Dr. Kirchner era de mejorar la calidad de la Corte Suprema e independizarla del poder político. A pesar de las críticas que despertaron en sectores importantes las nuevas nominaciones, la opinión general es que la Corte Suprema recibió un baño de oxígeno con los reemplazos llevados a cabo. También, el nuevo presidente hizo hincapié en la necesidad de reactualizar los juicios por los abusos en la represión de la guerrilla en los años setenta y contó con el apoyo de la opinión pública en esta reivindicación de los derechos humanos. Sin embargo en un acto celebrado en la Escuela de Mecánica de la Armada, destinada a ser transformaba en museo de la represión, para que las futuras generaciones no olvidasen las atrocidades cometidas, se lo vió excesivamente rodeado por quienes dieron un carácter partidario y sin ningún matiz a lo que fue la lucha armada en los años setenta. Esta sobreactuación no gustó a la opinión pública y el Dr. Kirchner entendió que debía moderar su simbología referente a este triste período de nuestra historia. También cambió la visión oficial sobre las protestas piqueteras, protagonizadas por grupos de desocupados que a menudo son utilizados políticamente. El nuevo presidente entendió que más allá del uso político del cual pueden ser objeto, los piqueteros y sus molestas manifestaciones fueron el producto de una política económica de exclusión y que la sociedad tenía que aceptar las molestias que ocasionan los cortes de calles y puentes que reiteran periódicamente. Después de un año de una gran tolerancia, los abusos a los que llegaron estos grupos obligó al gobierno a prevenir los actos más provocativos mediante el despliegue de fuerzas policiales sin armas de fuego para evitar trágicos incidentes. Todas estas actitudes, fuertemente censuradas por el establishment, fueron bien recibidas por la opinión pública que en los primeros meses de su mandato le llegó a otorgar una valoración positiva de cerca del 80%. Pero más que el fuerte porcentaje positivo de los primeros meses, lo que llama la atención en el caso del Dr. Kirchner, es la persistencia de altos índices de aprobación del orden del 60% a casi un año y medio de su asunción al poder.

Probablemente, estos altos índices de aceptación se deban tanto o más a la firmeza con la cual defendió el interés nacional frente a los organismos multilaterales de crédito y los representantes de los grupos económicos concentrados tanto locales como extranjeros. Con el FMI, adoptó una estrategia consistente en recordar la responsabilidad del organismo en la gestación de las políticas económicas que llevaron la Argentina a la profunda crisis de la cual está empezando a recuperarse. Secundado por el Dr. Lavagna y su equipo, consiguió renovar un acuerdo en condiciones favorables para la Argentina a fines de 2003, luego de francos intercambios de opiniones con el entonces titular del organismo y actual presidente de la República Federal de Alemania, Hoerst Koehler. En el año 2004, también se encontró con el nuevo titular del FMI, el español Rodrigo Rato, y le expuso claramente su posición. Como Rato se mostró más intransigente, el presidente, de acuerdo con su ministro de economía decidió suspender hasta fines de 2004 el acuerdo con el FMI, pagando los vencimientos que se produjeran en este plazo, para estar libre de toda condicionalidad para discutir los tramos finales de la crucial renegociación de la deuda externa. Esto fue posible, porque lo anunciado en el discurso presidencial de asunción se aplicó rigurosamente y la Argentina sobrecumplió todas las metas de superávit fiscal y de política monetaria previstas en el acuerdo con el FMI. En cuanto a la deuda, se presentó en septiembre de 2003 en la reunión del FMI que tuvo lugar en Dubai, una propuesta que supone pagar un 25% del valor presente de la deuda original, mediante una mezcla de quita de capital, rebaja de intereses, y alargamiento de los plazos, coherentemente con lo anunciado en el discurso de asunción. La propuesta argentina, que de ser aprobada representaría la mayor quita de la historia, no es un capricho sino que surge de destinar al pago de la deuda el monto de superávit fiscal compatible con el crecimiento del país. Esto permitirá ir reduciendo los índices de pobreza e indigencia que constituyen la deuda social que se acumuló a raíz de la aplicación de las políticas económicas que llevaron al sobreendeudamiento externo. Muy criticada por el establishment en el momento de su presentación, la mayoría de los decisores económicos locales entendieron que la oferta era la única oferta sustentable que se podía realizar. Después de largas, arduas y penosas negociaciones, además de un ímprobo trabajo técnico interno y con los organismos financieros extranjeros, esencialmente la SEC (Security and Exchange Comisión) de New York, el equivalente de nuestra Comisión Nacional de Valores para los Estados Unidos, la propuesta argentina está a punto de ser lanzada al mercado, a fines de octubre de 2004. La aceptación que le dará el mercado es todavía una incógnita, aunque en los últimos meses, y luego de momentos en que todo parecía caerse, las perspectivas de un éxito parecen ser superiores a las de un fracaso.

Por fin, otro punto que atrajo la aprobación de la opinión pública, fue la manera en que el gobierno negoció con las empresas privatizadas. En un primer viaje a Europa a pocos días de haber asumido, el Presidente se enfrentó con los empresarios españoles a los cuales les recordó la responsabilidad que habían tenido en la crisis argentina al haber apoyado hasta sus últimas consecuencias un sistema que los beneficiaba pero que llevaba el país a la quiebra con las nefastas consecuencias sociales que estaban a la vista. Luego el diálogo se suavizó, y hubo esfuerzos de ambas partes para intentar encontrar una solución a un problema complejo. Pero el gobierno nunca renunció a institucionalizar un cambio de fondo en la ecuación económica demasiado favorable a las empresas que se aplicó en la década del noventa. Las empresas aceptan el cambio macroeconómico y reconocen que los contratos tienen que ser adaptados a la nueva realidad, pero critican la lentitud en la definición de las nuevas reglas de juego. Mientras tanto, no hay inversiones en este sector, lo que en los dos primeros años, no tuvo demasiada importancia tomando en cuenta la caída que había conocido el nivel de actividad, y el buen nivel de inversión que se acumuló durante la década anterior. Pero ahora, a fines de 2004, en que la actividad económica ya superó la del año 2001, las necesidades de inversión en el sector de generación y transporte de energía eléctrica y en la exploración, explotación y transporte de gas se vuelven imperiosas. Luego de dos años y medio de tarifas pesificadas y congeladas, después de la crisis energética de principios de 2004, causada por la sequía en los ríos que alimentan los embalses, un sendero de reconstrucción de las tarifas de gas y electricidad está en marcha. Este aumento de las tarifas se aplica al sector industrial y comercial y cuando se aplique a los domicilios particulares, está claro que existirá una tarifa social para garantizar el mantenimiento del servicio a los hogares más pobres.

La relación con los empresarios argentinos tampoco fue fácil al principio. La intensa defensa de los derechos humanos que hacía el Dr. Kirchner, considerada sesgada, alimentó en muchos responsables empresarios la idea de que el presidente tenía una ideología izquierdista y que no apoyaba el sistema capitalista. Consecuente con lo manifestado en su discurso de asunción, el Dr. Kirchner repitió que su política consistía en obtener el desarrollo de la producción nacional para que el país crezca y genere empleo. Sus actos y los de los ministros que lo acompañaban atestiguaban esta convicción, pero los fantasmas tienen una salud perdurable, y costó más de un año convencer a los empresarios de que el crecimiento de sus empresas era uno de los objetivos del gobierno. Hoy día la relación con el empresariado nacional es fluida y la vuelta de la confianza se nota con el incremento de la inversión bruta fija que crece año tras año; aunque el sector Pyme lidera el proceso y recién en el segundo semestre de 2004, las grandes compañías han empezado a activar sus programas de inversión. Todavía queda un sector del establishment que sigue manteniendo sus reparos y no tiene confianza, pero la evolución positiva de los indicadores económicos, hacen cambiar mes a mes, si no los sentimientos por lo menos las decisiones. Nadie deja de hacer negocios y cuando la realidad se torna favorable, los más recalcitrantes cambian de actitud.

La experiencia argentina de los últimos años, incentivada desde la llegada del Dr. Kirchner al poder, demuestra que una inserción inteligente en el mundo, que utiliza las mismas armas de política económica que utilizan las potencias centrales, y cuyo objetivo es la defensa del interés nacional permite un desarrollo autosostenido. Los defensores de la convertibilidad, que no entienden cómo la Argentina creció casi un 9% en

2003, y probablemente crecerá otro 9% en 2004, sostienen que se trata de una mera recuperación y que sin inversiones masivas del exterior ésta no será sustentable. Estos analistas, los mismos que sostenían la tesis del "veranito económico", se olvidan que un tipo de cambio competitivo asegura un superávit externo importante, y un elevado superávit fiscal interno como consecuencia de un buen nivel de actividad. Además con la política monetaria prudente, están reunidas las condiciones para que el propio crecimiento genere el ahorro para financiar la inversión que permita sustentarlo. Por supuesto el regreso de la inversión externa puede acelerar el ritmo del crecimiento, siempre y cuando no se acepte cualquier tipo de inversión. De todas maneras está claro que sin aceptar las condiciones del Fondo Monetario Internacional, la Argentina ha conocido una recuperación inesperada para los especialistas de los organismos internacionales y de los principales países del mundo. La Argentina aplicó su propia política con seriedad y madurez y esta política resultó, hasta ahora, ser la correcta.

A esta altura de nuestro análisis, podemos afirmar que la Argentina enfrentó una crisis terminal en diciembre de 2001, crisis que abarcó tanto el aspecto político como el económico y el social. Que la crisis política, a pesar de los frecuentes cambios de presidente y los angustiantes momentos vividos, fue resuelta por los mecanismos institucionales previstos en la Constitución Nacional. Este aspecto esencial, el hecho de que una crisis de esta magnitud no haya hecho abortar el proceso democrático que ahora tiene 21 años, es una realidad positiva que nos debe llenar de orgullo y nos permite mirar con más optimismo el futuro de nuestra sociedad. Que la crisis económica, fue resuelta por la inteligencia argentina, utilizando recetas universales del arte pero aplicadas por nuestros técnicos y políticos y adaptadas al contexto argentino. Que los empresarios argentinos reaccionaron muy positivamente a los estímulos del cambio de precios relativos que permitió el éxito rotundo del mecanismo de la sustitución de importaciones. Esto desmintió los pronósticos agoreros sobre una supuesta ineficiencia estructural de nuestros empresarios; quedó demostrado que éste es otro de los mitos perversos que nos han frenado todos estos últimos años. Que la sociedad ha hecho gala de una paciencia meritoria. Los sufrimientos a los cuales fueron sometidos millones de seres humanos entregados a la pobreza y la angustia permitía albergar temores sobre reacciones violentas. No hubo nada de esto, y esta cordura merece ser destacada como un valioso activo de nuestra sociedad. Por fin, en los peores meses de la crisis, se multiplicaron las organizaciones solidarias de todo tipo y se incrementó considerablemente el trabajo voluntario en estos organismos, lo que les permitió llevar una ayuda eficaz a los más necesitados. Es casi inútil decir que esta reacción es otro de los elementos positivos de la sociedad argentina.

Ahora que hemos visto cómo la sociedad sorteó los obstáculos políticos y sociales, tenemos que analizar un poco más a fondo la manera en que la economía sorteó la trampa de fines de 2001, para llegar al relativo remanso actual que no debe hacernos olvidar que todavía falta mucho por hacer para incorporar a los desocupados y marginados. Sin olvidar que fueron economistas argentinos quienes idearon e implementaron las políticas que permitieron la recuperación.

CAPÍTULO 6

CRISIS, RECUPERACIÓN
Y DESARROLLO

Es importante recordar que el 1 de enero de 2002, cuando asumió la presidencia el Dr. Eduardo Duhalde, el país vivía dentro del modelo de la convertibilidad una crisis gravísima cuyas características hemos descripto en el capítulo anterior. La salida de la convertibilidad se imponía. La cuestión era determinar de qué manera el traumatismo sería menos doloroso pero el traumatismo no se podía evitar. En efecto la ley de Convertibilidad había atado el peso al dólar de tal manera que la Argentina no tenía moneda propia. Por lo tanto, devaluar dentro del esquema de paridad fija no tenía ningún sentido, ya que de mantenerse en vigencia la ley de Convertibilidad, el nuevo valor de la relación peso dólar se transmitiría automáticamente a todos los contratos. Una nueva relación de paridad solo hubiera creado inflación de los precios en pesos pero no hubiera cambiado los precios relativos. En dos palabras, la convertibilidad impedía todo ajuste de política económica. Es por eso que era urgente salir de la convertibilidad, única manera de recuperar la moneda propia administrada por el Banco Central como en todos los países civilizados. Esta salida era necesaria para cortar la indexación implícita de los contratos sobre la relación entre el peso y el dólar. Además había que eliminar la práctica aberrante de las cuentas corrientes en dólares que permitía la circulación, en las mismas condiciones que el peso, de una moneda extranjera sobre la cual el Banco Central no tenía poder de emisión.

De lo que se trataba era de cortar la relación entre el peso y el dólar retrotrayendo todos los contratos a su valor en pesos a la paridad anterior a la que surgiría de la devaluación. El poder de compra interno de los créditos y débitos en dólares se mantendría mediante la indexación de los valores en pesos por el costo de vida. Esta pesificación sin duda imponía nuevas reglas de juego, y los acreedores en dólares sentirían que se violaban sus contratos originales. Lo que justificaba tal decisión era en primer término la emergencia que vivía el país y que afectaba a la enorme mayoría de los agentes económicos; en segundo término, la necesidad, ya que de no tomarse la drástica medida, los deudores de los bancos hubieran ido masivamente a la quiebra, arrastrando con ellos a todo el sistema financiero. Sin aceptar como válida la teoría de Jean Jacques Rousseau de la tiranía de la mayoría, que puede llevar a democracias totalitarias, es cierto que en la situación que vivía la Argentina, nunca fue tan evidente que era indispensable defender el interés general en contra de algunos intereses minoritarios. Era necesario preservar a la mayoría y evitar la quiebra generalizada que hubiera, por otra parte, arrastrado también al sector minoritario, el de los acreedores disconformes con las medidas salvadoras. Para colmo, la pesificación que debió haberse efectuado a la paridad anterior en el caso de todos los contratos, fue asimétrica en el caso de los depósitos bancarios en dólares. El nuevo presidente, en su discurso ante la Asamblea Legislativa, indicó que se iba a abandonar la convertibilidad para fortalecer la producción nacional, pero mal asesorado o temeroso de provocar una resistencia inmediata, prometió devolver los depósitos bancarios en la moneda de origen. Esto significaba dar dólares a quienes habían hecho depósitos en dólares, hayan sido estos reales o virtuales y desgraciadamente la promesa era incumplible porqué los dólares reales sólo equivalían a la quinta parte de los dólares virtuales. Los análisis posteriores demostraron que efectivamente no se podía devolver los dólares.

Para compensar esta promesa, la Ley de Emergencia económica votada el 6 de enero de 2002, que establecía una devaluación del 40% determinó que todos los pasivos con las entidades financieras se reembolsarían a la vieja paridad de un peso un dólar, con la excepción de los depósitos bancarios en dólares que se reembolsarían a 1,40. Además tanto las deudas como los créditos se indexaban por el CER un índice que medía la inflación minorista. De esta manera el poder adquisitivo de los depósitos en dólares se mantenía, luego de haberse beneficiado de una bonificación de un 40% que no existía para ninguna otra colocación.

Sin embargo la mayoría de los depositantes se consideró despojada. De todas maneras, dada la situación de iliquidez de los bancos, era imposible que devolvieran los depósitos por lo que se prorrogó el "corrralito" mediante un cronograma de reembolsos de varios meses que variaba en función del importe del depósito. Los CEDROS eran los certificados que representaban materialmente a los depósitos y que podían negociarse. Hubo gente que negoció sus Cedros, algunos esperaron, y muchos iniciaron juicios. Luego de la resolución de la Corte Suprema en el caso Smith, estos juicios dieron lugar a que los jueces les otorguen amparos que obligaban a los bancos a reembolsar el 50% del depósito en pesos al valor del dólar del momento. La Justicia enfrentó la decisión del poder ejecutivo lo que complicó sobremanera las consecuencias de la salida de la convertibilidad, ya que el Poder Ejecutivo acató la decisión de la Justicia. Esto obligó al Banco Central a efectuar adelantos a los bancos para atender los amparos de la justicia y esta liquidez se dirigía hacia el dólar presionando sobre su cotización y acelerando la pérdida de reservas.

El problema se agravó aún más cuando fue evidente que el porcentaje de la devaluación de 40% retenido por el nuevo ministro de economía, el Dr. Jorge Remes Lenicov, era totalmente insuficiente. Después de 11 años de paridad fija en que las principales monedas del mundo se habían devaluado frente al dólar, la magnitud del atraso de los precios relativos exigía una devaluación mucho mayor. Luego de perder reservas al intentar defender esta nueva paridad insuficiente, el gobierno dejó flotar el tipo de cambio, con intervención del Banco Central para intentar orientar las transacciones. Rápidamente la paridad se fue a 2 pesos y a fines de febrero la cotización ya estaba en 2,50. Algunos días antes de Pascuas, debido a las demoras en las negociaciones con el FMI, los goteos del corralito, estimulados por los amparos de la Justicia y la resistencia de los exportadores en liquidar sus tenencias, se produjo una estampida que durante 24 horas llevó la cotización a cerca de 4 pesos. El Banco Central reaccionó enérgicamente y vendió un monto significativo de sus reservas. De esta forma retiró de la plaza financiera una suma importante de pesos. Completó el retiro de liquidez de la plaza mediante la emisión de letras a corto plazo a elevadas tasas de interés lo que retrotrajo la cotización a un nivel cercano a 3 pesos. La pérdida sufrida por los compradores apresurados fue útil para moderar las fluctuaciones futuras. Desde entonces el valor cercano a los 3 pesos se pudo mantener hasta fines de mayo en que el peso cedió valor hasta 3,50 por un dólar, valor que se mantuvo hasta fines del año 2002 en que el peso empezó a revaluarse sistemáticamente.

Mientras la devaluación se veía potenciada por la defensa que la Justicia hacía de los derechos de los depositantes, sin tomar en cuenta la situación de grave emergencia por la que atravesaba el país, el gobierno se abocó en un clima de grave tensión social, a tomar las medidas que dieron consistencia al nuevo esquema macroeconómico. La devaluación fue compensada por retenciones del orden del 20% a las exportaciones de productos primarios, incluido el petróleo. Las retenciones tenían como objetivo mejorar la recaudación fiscal y moderar en su porcentaje el traslado de la devaluación a los precios internos de los productos afectados. El control de cambio fue reglamentado por etapas, y se tornó realmente eficaz en mayo de 2002. A partir de entonces el Banco Central pudo comprar parte de las divisas del excedente comercial que se potenciaba como una de las consecuencias positivas de la devaluación. Las tarifas de los servicios públicos privatizados fueron pesificadas y congeladas para evitar una espiralización de la inflación. Se creó un organismo dependiente de dos ministerios, el de Economía y el de Planificación Federal, para analizar los fundamentos de los nuevos contratos destinados a reemplazar a los que respondían al sistema macroeconómico abandonado.

El Banco Central luego de la pesificación retomó el manejo de la política monetaria que, dadas las circunstancias caóticas por la que atravesaba el país, fue particularmente prudente. Lo mismo ocurrió con la política fiscal. Se envió a principios de 2002 una ley de presupuesto actualizada que tomaba en cuenta la devaluación y preveía una inflación del 15% para todo el año. Esta estimación era optimista pero tenía la ventaja de contener los gastos en este porcentaje, y evitar echar leña a la hogera de la inflación. En particular conviene destacar que no se preveía ningún incremento de los sueldos dependientes del Estado por lo que la proporción del gasto público en el conjunto de la economía disminuyó considerablemente. Luego de las bajas recaudaciones de los primeros meses, la de mayo conoció un fuerte impulso de un 60% sobre abril y alcanzó a los 5.000 millones de pesos, nivel que se mantuvo hasta fines del año y confirmó las previsiones del presupuesto.

Mientras las autoridades económicas trabajaban contra reloj y terminaban de armar el nuevo esquema macroeconómico de sustitución de importaciones, el FMI se mostró implacable. Exigió reembolsos de capital ya en el primer semestre. En vez de ayudar a morigerar una crisis de balanza de pago como lo estipula su estatuto, se dedicó a actuar como un acreedor privilegiado para recuperar los fondos que imprudentemente había facilitado en agosto de 2001. Estos habían financiado, sin sentido, una fuga de capital que indicaba claramente el fin del esquema anterior. Impuso una serie de condiciones referentes a la financiación de las provincias y a la ley de subversión económica. Exigió que el Banco Central dejara de intervenir en el mercado de cambio – lo que de haberse acatado hubiera llevado a una hiperinflación– y se opuso a las retenciones a las exportaciones que demostraron ser fundamentales para el equilibrio fiscal. También exigía que el Estado argentino emitiera bonos para reembolsar compulsivamente a los depositantes de los bancos. El ministro Remes Lenicov, obtuvo del Parlamento el voto de la mayoría de las exigencias formales del FMI, y tuvo que cumplir con los reembolsos exigidos que debilitaron aún más las reservas, pero se opuso a todas las demás condiciones. Es por eso que se puede decir que el esquema macroeconómico básico, desde el cual la Argentina inició su recuperación a partir del segundo trimestre de 2002, fue exclusivamente obra de los técnicos del Palacio de Hacienda. Muy presionado por el Fondo, y temeroso de una ruptura que podría tener consecuencias funestas, el ministro defendió la emisión de bonos compulsivos para pagar los depósitos. Como el Parlamento no aceptó su proyecto de ley al respecto a fines de abril, se consideró desautorizado y renunció.

Lo sustituyó el Dr. Roberto Lavagna nombrado en 48 horas por el presidente Duhalde. El nuevo ministro endosó lo esencial de la política aplicada y se dedicó a mejorar su implementación y a fundamentar su pertinencia, demostrando que era la repuesta adecuada a los desastrosos resultados del esquema anterior. Tomó distancia frente al FMI siguiendo con la aplicación de las medidas económicas que le convenían al país, gustasen o no a los técnicos de Washington. En especial consideró que la emisión de bonos compulsivos para arreglar el problema de los depósitos congelados era una mala solución. Se dedicó a armar varios esquemas de salida voluntaria que en los meses siguientes fueron cosechando la adhesión de cada vez mayor cantidad de ahorristas. Es así como el problema de la congelación de los depósitos se terminó en mayo de 2003, muchísimo antes de lo que los más optimistas hubieran esperado.

El cambio de sistema, si bien encaminó el país hacia la recuperación, tuvo a corto plazo, como lo enseña la ciencia económica, un costo elevado. En el primer trimestre de 2002, el PBI se derrumbó un 16%, o sea que agudizó la tendencia fuertemente negativa del último trimestre de la convertibilidad, el cuarto de 2001, en donde había caído un 11,7%. La agudización del problema a corto plazo se debió a la transición del cambio de los precios relativos. Los sectores favorecidos por la paridad anterior, el comercio y los servicios en general, sufrieron del encarecimiento de las importaciones. Inmediatamente expulsaron mano de obra lo que explica porqué en mayo la desocupación alcanzó al 21%. Los sectores de transables favorecidos reaccionaron rápido, pero no inmediatamente, debido a los problemas de la falta de crédito. De todas maneras, a fines de marzo el pozo de la recesión había sido alcanzado, y desde abril de 2002, la economía argentina empezó una recuperación autosostenida. Ésta se mantiene en plena vigencia en el momento de escribir estas líneas en noviembre de 2004, por lo que lleva prácticamente 11 trimestres consecutivos.

El cambio de precios relativos favoreció en primer término a la actividad agropecuaria que pudo aprovechar los esfuerzos de productividad realizados en los últimos años. A pesar de las retenciones, su rentabilidad se empinó considerablemente. A fines de 2002, la situación económica de la zona de la pampa húmeda había cambiado completamente, y la desocupación desaparecido totalmente de esta región. En las provincias más pobres el fenómeno fue más lento, pero siempre más veloz que en los grandes centros urbanos, donde una proporción importante de la mano de obra está empleada en el comercio o los servicios. Sin duda el fenómeno se aceleró en el año 2003 cuando los precios de la soja, el principal cereal producido y exportado se incrementaron fuertemente. En 2004, disminuyó el precio de la soja, pero si bien menos espectacular que en los dos años anteriores, la situación del sector agropecuario sigue siendo de prosperidad.

El sector manufacturero reaccionó rápidamente pero de manera más gradual, incrementando mes a mes su volumen de producción. La sustitución de importaciones permitió reactivar sectores enteros de la industria que estaban prácticamente paralizados. Lo notable es que este incentivo permanente del producto manufacturero se dio en un contexto de falta de crédito. Esto significa que los empresarios utilizaron reservas e invirtieron en sus empresas, primero para incrementar su capital de trabajo, y luego para adquirir la maquinaria necesaria para aumentar los volúmenes cuando sus máquinas se empezaron a saturar. A partir de fines de 2002, la baja del costo en dólares de la mano de obra incentivó su contratación. La relación entre el incremento del producto y el aumento del empleo llegó a un coeficiente unitario contra el coeficiente de 0,4 vigente

132

bajo la convertibilidad, lo que ayudó al incremento de la mano de obra ocupada. La creación de empleo fue una constante desde entonces, a un ritmo muy elevado durante todo 2003, en que se crearon 800.000 nuevos puestos de trabajo y un poco más pausado en 2004. La desocupación bajó desde su pico de 21% hasta el 14,5% conocido en septiembre de 2004, sin contar es cierto, los beneficiarios del plan Jefas y Jefes de hogar que en un número de aproximadamente 800.000 personas cumplen tareas comunitarias y no se consideran desocupados para las estadísticas.

La evolución del consumo siguió una curva muy parecida a la de la producción industrial. Se recuperó debido a tres factores esenciales: la creación de puestos de trabajo que aumentó la masa salarial, los aumentos de suma fija decretados por el gobierno en 2002 y 2003 que tuvieron el mismo efecto, y los planes Jefas y Jefes de hogar que aumentaron la capacidad de consumo de 2 millones de hogares que antes estaban abandonados a la buena de Dios.

Por supuesto la devaluación tuvo un efecto inflacionario como era de prever. Sin embargo ésta no tuvo la entidad que los economistas ortodoxos pronosticaban. Los precios mayoristas subieron un 60,7% en el primer cuatrimestre, y los minoristas un 21,1% en el mismo período, cuando la devaluación había alcanzado al 250%. Después del pico de 10,4% del índice minorista en abril, en mayo el aumento fue de 4%, el de junio de 3,6%, y luego los incremento disminuyeron mes a mes, y en todo el año 2002 la inflación minorista fue de un 40,8%. La inflación mayorista fue más elevada con un 117,7% pero no dejó de llamar poderosamente la atención al mundo entero, el hecho de que la inflación combinada de un 79,5% haya sido menor al tercio de la devaluación. En 2003 la inflación minorista fue del 3,7% y la mayoristas del 2%, mientras que en 2004 se prevé una cifra del orden del 8%.

Este resultado muy alentador se debió en primer término al extraordinario superávit comercial que ya desde enero de 2002 alcanzó los 1.500 millones de dólares y cerró con una cifra de 17.000 millones de dólares en todo el año. En 2003 fue del mismo orden con 15.000 millones de dólares, a pesar de un fuerte repunte de las importaciones, y en 2004 será menor aunque todavía muy consistente del orden de los 12.000 millones de dólares. La disminución del superávit se debe a otro fuerte aumento de las importaciones impulsadas este año por los bienes de capital y los bienes de uso intermedio. Este superávit se debió en los dos primeros años de la salida de la convertibilidad mucho más a la baja de las importaciones que al aumento de las exportaciones. Lo concreto es que permitió un fluido abastecimiento de divisas genuinas lo que tuvo un efecto morigerador sobre el tipo de cambio. Éste se revaluó durante todo el ejercicio 2003 en que cerró con una cotización del orden de los 2,90 pesos y eso a pesar de las compras sistemáticas del Banco Central. La posición de reservas del Banco Central que había caído a menos de 9.000 millones de dólares en junio de 2002, eran de 18.500 millones de dólares a fines de octubre de 2004, y la Tesorería general de la Nación tenía cerca de 1.500 millones de dólares depositados en sus cuentas del Banco Nación, dólares adquiridos con parte del superávit fiscal primario.

La moderación de la inflación se debió en segundo término a la prudencia de la política salarial que mediante el ortorgamiento de sumas fijas por decreto gubernamental tendió a mejorar el nivel de compra de las remuneraciones más bajas. En tercer lugar la política monetaria, a la vez audaz y prudente, jugó un papel determinante tanto en la recuperación económica como en la moderación de la inflación. En efecto, fue audaz en la medida en que el Banco Central no vaciló en aumentar la circulación monetaria o sea los billetes en poder del público. Sus autoridades se dieron cuenta que la demanda monetaria, o sea la disposición del público a conservar billetes o cuentas a la vista, era mucho mayor a lo que era habitual en la Argentina. Y prudente en la medida que la mayor parte de la emisión, desde el año 2003, se debió a la contrapartida de la compra de parte de los dólares del superávit comercial externo. También ayudó el fin del corralito y el regreso de los depósitos a plazo fijo que permitieron dar por superada la fase aguda de la crisis del sistema financiero, ya a mitad de 2003. Por fin la política fiscal jugó también un papel determinante en el éxito de la lucha contra la inflación. La recaudación fiscal conoció un incremento sostenido desde mitad de 2002, durante todo 2003, y el fenómeno siguió en 2004. En 2002 se recaudaron 50.000 millones de pesos a nivel nacional, en 2003 72.000 millones de pesos, y se piensa estar muy cerca de los 100.000 millones en 2004. Para explicar este salto cuantitativo en la recaudación hay que recordar que se mantuvo el impuesto al cheque que venía de 2001. Además, después de la salida de la convertibilidad se implementaron las retenciones a las exportaciones de bienes primarios, y no se permitió realizar el ajuste por inflación para el pago del impuesto a las ganancias, lo que incrementó la recaudación de este impuesto. Por fin la administración de la D.G.I. mejoró notablemente, tanto en el seguimiento de los pequeños contribuyentes, como en el de los grandes. Para este sector se emitieron normas claras con respecto a los precios de transferencia que tendían a disminuir las ganancias de las filiales locales. También se aplicó la novedosa determinación de oficio del valor del cereal exportado, multiplicando el tonelaje embarcado por su cotización en Chicago el día del embarque. Debido a este método, las ganancias sujetas a impuesto de los grandes exportadores subieron considerablemente.

La mejora de la recaudación y la prudencia en el gasto permitieron cerrar el año 2003 con un superávit de 3% del PBI, mientras que en 2004 las cifras obtenidas a fines de septiembre, permitían estimar en un 5% del PBI el superávit del ejercicio. Hay que destacar que no se modificó la ley de coparticipación federal tan cuestionada por el FMI. Sin embargos los "programas de financiamiento ordenado" implementados por el ministerio de economía que refinanciaron la deuda de las provincias a tasas favorables contra la adopción de criterios racionales de gastos y recaudación, permitieron obtener un interesante superávit en las cuentas provinciales estos dos últimos años. A pesar de cumplir con los pagos de los intereses de la deuda que no está en default, la tesorería acumuló una importante masa de liquidez en reserva que se puede estimar en unos 15.000 millones de pesos. Esta holgura financiera desconocida en nuestro país para el Estado nacional, explica que casi todo el incremento de los depósitos bancarios ocurrido en el año 2004, provenga de las cuentas de la Tesorería.

El otro aspecto importante que conoció una evolución favorable es el representado por el nivel de la inversión, el componente más dinámico del PBI, ya que condiciona la capacidad de producción de los ejercicios futuros. En 2001, este indicador había disminuido a solo el 14% del PBI, después de la salida de la convertibilidad en 2002, siguió bajando hasta apenas el 12%, pero en 2003 ya representaba un 15%, porcentaje superior al de 2001, para perfilarse en 2004 en un 18%, similar al promedio de la década de los noventa. Este repunte de la inversión es tanto más notable que se realiza en un contexto en que el país no ha terminado la refinanciación de su deuda en default, y cuando la propuesta de refinanciación presenta una enorme quita sobre el capital original. El cambio de régimen macroeconómico de principios de 2002 modificó las reglas de juego y afectó los contratos de poderosos agentes económicos. La seguridad jurídica local era percibida como fuertemente dañada. A la vista de los resultados observados, se destaca la concentración de la inversión en el sector agropecuario debido a la mejora de su rendimiento, y en los sectores Pymes favorecidos también por los nuevos precios relativos. Al contrario las grandes empresas multinacionales limitan por lo general sus inversiones, aunque se nota una mejora de las mismas en los últimos meses, especialmente en algunos sectores como el automotor. Estas observaciones permiten constatar que los sectores dinámicos, casi todos de capital nacional, demuestran una vitalidad encomiable. Ésta permite que el país vea la inversión aproximarse a un nivel sobre el producto que garantiza un crecimiento autosustentable situado entre el 4 y el 5%. Si recordamos que la tasa de ahorro nacional, alcanza ella también un record de 20% del PBI, veremos que por primera vez en mucho tiempo, la Argentina parece haber generado un ciclo de actividad autosustentable con sus propios recursos. En esta nueva y positiva dinámica, el capital extranjero juega un rol importante pero complementario, y dejó de ser el factor determinante del desarrollo y por lo tanto del crecimiento que desempeñó en la década de los noventa. Esta nueva dinámica se debe a que se ha reducido considerablemente la fuga de capitales, como lo demuestra la cuenta corriente del balance de pagos. Sin duda la situación internacional ayuda, la merma de los rendimientos en las colocaciones en el exterior, y las oportunidades de negocios locales se suman para que se logre este benéfico resultado. Por ahora nos conformaremos con destacar que esta mejora se debe a la existencia de rentabilidad en los negocios locales, especialmente en los referente a bienes transables, y que esta rentabilidad es la consecuencia de un tipo de cambio competitivo. El manejo prudente de la política fiscal y de la política monetaria son los dos otros ingredientes, que sumados al tipo de cambio competitivo, permiten colocar al país en la senda de un crecimiento autosostenido.

Además de los temas monetarios, fiscales y cambiarios que fueron resueltos por la Argentina de acuerdo a la capacidad de sus técnicos –con resultados que el FMI tuvo que ponderar a pesar de que no se hubieran aplicado sus recetas–, subsisten problemas. Ellos son el del sistema financiero, el de la deuda externa en default, y el de las tarifas de las empresas privatizadas que constituyeron y constituyen fuentes de conflictos permanente con el organismo multilateral.

En lo que respecta al sistema financiero, las soluciones brutales del tipo de las que habían sido aplicadas por el Fondo en Indonesia en 1998, fueron rechazadas de plano. Esta actitud fue compartida tanto por el ministro Lavagna como por Alfonso Prat Gay el presidente del Banco Central desde fines de 2002 hasta septiembre de 2004, mes del vencimiento del mandato que había venido a completar. Algunos bancos extranjeros se retiraron del país, y sus negocios fueron adquiridos por banqueros locales, que vieron aumentar fuertemente su participación en el negocio financiero. Los más importantes hasta ahora se han quedado. Como hemos visto, el problema de los depósitos congelados se solucionó a principios de 2003, los depósitos volvieron a los bancos desde fines de 2002 y las compensaciones bancarias por las pesificación asimétrica fueron llevadas a cabo con la emisión de Bonos del Estado Nacional (Boden). Las pérdidas de los bancos que fueron muy elevadas en 2002, se redujeron fuertemente en 2003, y en 2004 el negocio está en equilibrio. Todavía les cuesta a los bancos adaptarse a la nueva situación en la que el Estado Nacional dejó de ser el gran tomador de crédito que fue siempre en el país, para transformarse en el principal depositante del sistema. Los préstamos al sector privado se incrementaron desde 2003 a la fecha mes a mes, pero siguen siendo modestos. Hay que reconocer que la gran liquidez existente hizo bajar la tasa de interés a un nivel que desalienta las colocaciones a plazos largos. Aprovechemos para recordar que una de las ventajas de la salida de la convertibilidad, además de la recuperación de la administración de la moneda propia, era la posibilidad –si esta administración era eficaz– de bajar considerablemente la tasa de interés. Es lo que se logró ya que en octubre de 2004 las tasas de interés en pesos son las que se pactan comunmente en el mercado internacional. Si bien sería exagerado decir que el problema del sector financiero está totalmente resuelto, sí es realista constatar que está en vías de solución, a pesar de que, en este caso tampoco, se aceptaron las recetas del FMI.

En cuanto a las tarifas de las empresas privatizadas en manos esencialmente de países europeos con un importante porcentaje de los votos en el Directorio del FMI se inició una tímida recomposición de las mismas. Se limitó el impacto de los reajustes al sector industrial y comercial para no afectar el poder de compra de la población. El gobierno estudia un marco en el que se deberán encuadrar los nuevos contratos, marco cuyo proyecto desagrada a los dueños de las compañías. Este desagrado se traduce en una merma en las inversiones que obliga al Estado a encarar la inversión directa mediante la creación de fondos especiales en fideicomisos. También presionando a las empresas a que acepten que en vez de que les reembolse las deudas que tiene con ellas por el fondo de compensación, invierta el dinero que les adeuda en la construcción de plantas generadoras, como es el proyecto en el caso del sector de generación eléctrica. El cambio macroeconómico obligaba a modificar los contratos, cosa que resistida por las compañías al principio parece, ahora, aceptado a regañadientes. Lo que todavía no se ve es una solución del problema de fondo, para que dentro de un marco jurídico legislado, las empresas puedan trabajar en programas de largo plazo. Es cierto que en algunos sectores la competencia arregló por si sola el problema. En el caso de los teléfonos la llegada del operador mexicano Telmex en telefonía móvil, archivó las demandas de incrementos de tarifas y concentró a los operadores en satisfacer el increíble desarrollo del mercado. En otros, como en el petrolero, los operadores se manejan dentro de un marco establecido que incorporó la novedad de las retenciones móviles a las exportaciones que limitan a 28 dólares el barril el precio que queda en mano de los operadores. El excedente entre los 50 dólares en que cotizaba el barril en octubre de 2004 y los 28 dólares es retenido por el Estado Argentino. De esta manera, el Estado ha recuperado parcialmente la renta petrolera y ha estabilizado la repercusión que sobre los costos internos no dejarían de tener los incrementos del mercado internacional. La solución del problema en su conjunto no puede tardar mucho más, pero hay que reconocer que la estabilidad de las tarifas en los momentos álgidos de la crisis constituyó un ancla para la inflación.

La solución a dar al pago de la deuda externa fue uno de los principales motivos de fricción con el FMI. A pesar del default anunciado por el presidente Rodríguez Sáa en la Asamblea Legislativa, la Argentina sólo dejó de cumplir con el pago de los intereses y el capital de los bonos que no habían sido objeto de los canjes de Cavallo. Se trataba a fines de 2001 de unos 82.000 millones de dólares. Los bonistas que habían aceptado la pesificación, el préstamo garantizado de los bancos, que también fue pesificado, y la totalidad de la deuda en dólares con los organismos de crédito multilaterales, fueron pagados escrupulosamente. También fueron considerados *performing* los bodens emitidos para compensar a los bancos y a los ahorristas y para pagar algunas deudas improrrogables del Estado. En concreto, la mitad de la deuda del país era y es *performing*, y la otra mitad está en default en el momento de escribir estás líneas. El FMI muy comprometido con la Argentina, lo mismo que el Banco Mundial, se protegieron detrás de su status de acreedores privilegiados. Esto en cierta medida es comprensible si se toma en cuenta que el país es socio de estos organismos y que la plata cobrada por ellos se deriva a préstamos hacia otros socios. Lo que sí no es común, es que el FMI exija el pago de parte del capital en un momento de crisis, y es lo que hizo en el peor momento de la misma. La estrategia de las autoridades fue de cumplir con el FMI y el Banco Mundial, así como con los acreedores locales pesificados, y declarar en default la deuda en dólares de bonistas del exterior o de los locales que no hubieran pesificado sus tenencias. El Fondo insistió para que se arregle cuanto antes con estos acreedores, cosa que el gobierno argentino se negó a hacer, arguyendo que primero era necesario ordenar la economía local para poder encarar un plan serio de refinanciación. A pesar de la tirantez sobre este y otros temas, hemos visto que hubo acuerdo con el Fondo a fines de 2002, y a fines de 2003. Este último acuerdo está suspendido, lo que implica el pago por la Argentina de las cuotas que van venciendo, hasta que la oferta a los bonistas haya tenido una definición. Esta oferta, largamente discutida con el Fondo, fue presentada en Dubai con una quita del 75%, fuerte rebaja de intereses, y alargamiento de los plazos. El Fondo insistió para que la Argentina destine más del 3% del PBI al superávit primario afectado al pago de la deuda. El gobierno nacional, si bien no descartó un superávit primario superior al 3%, siempre se negó a destinar el excedente al pago de la deuda. Para el gobierno, la deuda social interna es de tal magnitud, que es imprescindible destinar a la política social y de reactivación económica todo excedente del 3% de superávit primario. Como desde la propuesta de Dubai, la Argentina creció un 10% aproximadamente, la suma resultante de este 3% se ha incrementado lo que ha permitido mejorar en el margen la oferta. Como además la mejora de la economía argentina hizo bajar la tasa de interés de mercado para la compra de bonos de la deuda, en octubre de 2004, en los momentos previos de la oficialización de la oferta, se da la feliz coincidencia de que la cotización de los bonos en el mercado coincide con lo que propone el gobierno argentino. Luego del acuerdo con los bonistas locales a principio de octubre de 2004, las AFJP, los bancos, y las compañías de seguros que poseen cerca del 30% de la deuda, todo parece indicar que la Argentina logrará una quita histórica. Como además, en los primeros años, la mitad de los intereses se pagarán con nuevos bonos, la carga para las finanzas públicas del arreglo, en los primeros años, no representará más que unos 1.000 millones de dólares. Puede parecer lamentable que la Argentina haya adoptado una posición tan dura. Pero para no equivocarse, hay que recordar que la mayoría de la deuda fue adquirida por sus tenedores actuales con montos de descuentos importantes. Además estos pudieron cobrar los intereses exagerados que pagaba y que fueron una de las causas de su falencia. Hoy día la mayoría de los bonos se encuentran en manos de los fondos que compraron a precios cercanos a los actuales del mercado. Existe un problema con los bonistas italianos que compraron, por consejo de sus bancos, en el 2001, y a valor cercano al nominal una deuda que los bancos sabían muy bien que no iba a ser honrada. La solución lógica, que por otra parte ya fue aprobada por la Justicia italiana en algunos casos, consiste en que los bancos que se deshicieron de bonos que sabían de baja calidad sobre una clientela indefensa tomen a su cargo el pago de la diferencia entre lo que ofrece la Argentina y el valor al cual compraron los pequeños tenedores.

Una vez aclarado este tema, y sin pretender limitar la responsabilidad de los gobernantes argentinos que tomaron la deuda, así como de la sociedad que los eligió democráticamente, tampoco puede ser pasada por alto la responsabilidad del FMI. Éste auditaba la economía argentina y nunca elevó la menor objeción con respecto al endeudamiento en que incurría el país. También está en juego la responsabilidad de los bancos privados que ganaron jugosas comisiones en las distintas emisiones de bonos. Es por eso, que ante la crisis terminal de la sociedad argentina a fines de 2001 y principios del 2002, la decisión de renegociar la deuda para pagar únicamente lo que sea compatible con el crecimiento armonioso del país debe ser considerado como una decisión valiente y correcta. Pero sobre todo conviene destacar el hecho, de que durante tres años, dos gobiernos sucesivos supieron mantener la identidad de criterio y la firmeza del rumbo de la negociación. Tampoco escucharon los cantos de sirenas de los financistas que proponían una quita menor, aunque incumplible, que hubiera permitido un veloz retorno al mercado de capitales internacionales. Esto hubiera significado nuevamente someterse a la férula de aquellos durante las nuevas e inevitables refinanciaciones futuras. La dura refinanciación de la deuda externa argentina, lleva implícita la renuncia a financiar el Estado nacional en el mercado internacional. Esta decisión es correctísima y su concreción es una de las bases del optimismo que uno puede albergar en cuanto al desarrollo autosostenido de nuestro país. Todavía estamos pagando las quimeras financiadas con plata prestada desde afuera y es alentador pensar que nunca más este tipo de costosos errores será posible lo que debe embargarnos de alegría.

En noviembre de 2004 nos encontramos con un país que está saliendo de la crisis económica más dura de su historia. En estos tres años, cuya primera mitad fue responsabilidad del gobierno de Eduardo Duhalde, y la segunda mitad del de Néstor Kirchner, el camino recorrido fue ciclópeo. En primer término se salió de la convertibilidad, se devaluó la moneda para volver a dar competitividad a la producción argentina, y se aplicaron las medidas compensatorias necesarias para suavizar los inevitables efectos traumáticos del cambio. Esto supuso enfrentar la lógica económica vigente en los organismos de crédito multilaterales y los principales grupos económicos y financieros mundiales que operaban en la Argentina. Se recuperó la moneda con la pesificación lo que devolvió sus potestades al Banco Central. Éste pudo aplicar una política monetaria como lo hacen todos los países del mundo. La recuperación de la moneda permitió sostener el sistema financiero y evitar la traumática liquidación de bancos exigida por el FMI. Se consiguió en un año arreglar el problema de la congelación de los depósitos, evitando una emisión de bonos compulsiva. Se estableció una flotación sucia, es decir con intervención del Banco Central en el mercado de cambio, para obtener un tipo de cambio competitivo. Se implantaron retenciones a las exportaciones de productos primarios para incrementar los ingresos fiscales; también para limitar el efecto de la devaluación sobre los precios de combustibles y alimentos. Estas medidas impulsaron las actividades de bienes transables potenciando la rentabilidad del sector agropecuario y estimulando un vigoroso proceso de sustitución de importaciones. Se pesificaron y congelaron las tarifas de los servicios públicos en manos de empresas privatizadas para controlar la inflación asociada a la devaluación y recién en el año 2004 se inició un programa de ajuste de tarifas para incentivar la inversión necesaria en estas actividades. Se estableció un programa de ayuda social universal, el plan Jefas y Jefes de hogares, que atendió con 150 pesos mensuales a 2 millones de responsables de familias sin empleo. Se incrementaron los sueldos del sector privado mediante sumas fijas, en varias oportunidades, para mitigar el efecto de la inflación inicial que acompañó el proceso de salida de la convertibilidad. Recién en 2004 se tocaron los sueldos del Estado. Estos en sus escalas inferiores eran mucho más elevados que en el sector privado. Se incrementó la jubilación mínima, llevándola de los 150 pesos iniciales a los 280 pesos actuales, lo que significa un incremento de 87% frente a un aumento del índice de precios minorista del 52%. Se llevó el sueldo mínimo a 480 pesos en 2004, desde los 200 pesos iniciales, lo que significa un aumento de un 140% también muy por encima de la inflación. Por fin se inició un exigente proceso de renegociación de la deuda en default, fijando condiciones claras para atenderla sin desatender la deuda social interna. A fines de noviembre cuando el gobierno estaba por someter su propuesta a la aprobación de los mercados, surgieron problemas técnicos. Probablemente el canje se porrogará, algunas semanas en el mejor de los casos, o varios meses, si algunos acreedores influyentes, aprovechan la situación para intentar obtener del gobierno que mejore su oferta. Como ya lo hemos señalado, la mejora solo puede ser marginal y lo más probable es que el canje se concrete en los primeros meses de 2005.

El resultado de la nueva política que se basaba sobre la realidad argentina no se hizo esperar demasiado. Hubo un trimestre de derrumbe, no muy superior por otra parte al del último trimestre de la convertibilidad. Nunca sabremos si no hubiera sido igual o mayor en caso de mantenerse en vigencia el sistema causante de la crisis. Lo concreto es que a partir del segundo trimestre de 2002, la economía empezó la recuperación que ya lleva prácticamente 11 trimestres consecutivos. El INDEC nos informa que la producción industrial creció un 31% sobre lo que era en 2001, la construcción un 58%, y se crearon cerca de 2 millones de puestos de trabajo desde el segundo trimestre de 2002. Este último es un logro impresionante, si bien todavía insuficiente, tomando en cuenta el elevadísimo nivel que había alcanzado la desocupación. El superávit comercial externo sumó más de 40.000 millones de dólares de divisas genuinas en los tres años que van de 2002 a 2004, y de haber sido crónicamente deficitaria en los 11 años anteriores, la cuenta corriente del balance de pagos pasó a ser positiva en los tres últimos años. La inversión que hocicó en 2002, se recuperó en 2003, y promete en 2004 ser una de las más elevada de los últimos 15 años en proporción al PBI. La recaudación impositiva conoció un incremento sistemático que permitió lograr los superávits fiscales primarios, tanto a nivel nacional como en el provincial, más elevados de los últimos 50 años. El Banco Central reconstituyó el nivel de sus reservas que superan los 18.000 millones de dólares y cubren el 99% de la base monetaria (billetes en poder del público y depósitos de los bancos en el Banco Central). Los depósitos volvieron a los bancos y el crédito al sector privado se va incrementando si bien a un ritmo lento. Hay que destacar la desaparición del crédito al sector público, que durante décadas constituyó una lacra, fuente de distorsiones de todo tipo. La solvencia del Estado, impensable hace apenas 2 años, es hoy una feliz realidad.

Socialmente el panorama es todavía preocupante, pero fue mucho el camino recorrido. Se avanzó en la disminución de la excesiva desigualdad aunque a paso lento. La mayor presión tributaria real, que se acerca al 27% de PBI - si se incluyen los impuestos provinciales - con una participación importante de las retenciones a las exportaciones y del impuesto a las ganancias en la recaudación, es un indicio de este proceso. Pero más importante es constatar que cerca de 7 millones de personas, las de menores ingresos, se han visto beneficiadas con un aumento real significativo de sus remuneraciones. Este grupo lo forman los 2 millones de nuevos trabajadores, los aproximadamente 1.7 millones de jubilados que cobran el mínimo, los cerca de 2 millones de trabajadores del sector formal que también cobran el mínimo y los 1,7 millones de beneficiarios de los planes

Jefas y Jefes de Hogar. Los índices de pobreza e indigencia han bajado con respecto a los atroces niveles alcanzados en el momento más álgido de la crisis, pero siguen todavía siendo una afrenta para el conjunto de los argentinos, con más del 40% de la población en estado de pobreza y alrededor del 20% en estado de indigencia.

Esta política exitosa se desarrolló al principio ante el escepticismo de la mayoría de la opinión pública, la oposición de los organismos internacionales, y de los centros de pensamientos económicos afines a las ideas económica dominantes en los países centrales. En el primer semestre de 2002 estos centros académicos solo miraron la pérdida de reservas del Banco Central para evitar la espiralización de la cotización del dólar. Proyectaban al infinito este proceso lo que los llevó a pronosticar una hiperinflación y un dólar entre 8 y 10 pesos para fines de 2002. No vieron que el superávit comercial era impresionante. Cuando el Banco Central logró administrar correctamente el control de cambio, pudo recuperar sus reservas adquiriendo parte del excedente comercial. Cuando se hizo visible el repunte en el tercer trimestre de 2002, hablaron de un veranito económico que duraría poco. En mayo de 2003, cuando el crecimiento industrial marcó una pausa, hablaron de agotamiento del proceso de recuperación. En mayo de 2004, después del freno que impuso en el segundo trimestre la crisis energética, rápidamente resuelta, hablaron de amesetamiento. Son opositores ideológicos que no creen en la lógica sobre la que se basa el nuevo programa en aplicación. Tienen un apoyo importante por parte de varios empresarios, que muchas veces en contra de sus intereses, acompañán estas críticas. Son grupos minoritarios pero con una gran influencia, a tal punto, que siguen teniendo una fuerte presencia en los medios de comunicación masiva. Pero la oposición es sana, y en la medida en que respete las reglas de la democracia, debe servir para que se profundice el debate entre visiones distintas de la realidad.

Ha sido mucho el camino transitado en estos tres años. La cuestión que se plantea ahora, con cada vez más insistencia, es determinar si el país ha conocido simplemente una recuperación después de una fuerte caída o si está en un proceso de crecimiento austosostenido. Estoy convencido de que el proceso va más allá de una simple recuperación y para decir esto me baso no solamente en las cifras de la inversión, el mantenimiento de una sana política fiscal y monetaria y de un tipo de cambio competitivo, sino en un ambiente general favorable al emprendimiento que se respira en todo el país. Tengo la sensación de que la crisis asustó a los argentinos y nos ha llevado a despertar lo mejor de nosotros mismos. Es por eso que me adhiero al siguiente comentario de un consultor de empresas que quiso mantener su anonimato, reproducido en el diario *El Economista* por Diego Valenzuela y que dice:

> Yo no hago política, y si me gusta más o menos Kirchner es un tema privado. Yo trabajo para que mis clientes ganen dinero, y si observo que las cosas mejorarán se los tengo que decir. Yo estoy viendo que se subestima la capacidad de crecimiento en 2005. Los "amesetistas" se van a sorprender, porque la salida del *default* puede desencadenar un acuerdo con el Fondo y ambos un *shock* de confianza.[15]

Comparto este optimismo pero debo señalar una inquietud. Ésta se basa en la inconstancia de la que desgraciadamente hacemos gala los argentinos. Estoy

[15] Valenzuela Diego: "El crecimiento *posdefault*", *El Economista*, 8 de octubre de 2004.

de acuerdo que en 2005, están dadas las condiciones para un *shock* de confianza. Pero el temor mío es que el ingreso de fondos financieros del exterior si no es controlado complique la política de tipo de cambio competitivo, y que en aras de una burbuja de corto plazo, perdamos el fruto del esfuerzo de estos últimos tres años. Está demostrado que un tipo de cambio competitivo en un país como el nuestro que reúne características propias del primer, del tercer y hasta del cuarto mundo, es una condición indispensable para fomentar la inversión, el trabajo y la inserción en el mundo mediante una política de exportaciones exitosa. También es esencial para la inclusión social, primero porque demostró que permite crear empleo, y segundo que ayuda a reducir las inequidades en la distribución de la riqueza. Este último punto se da porque un salario bajo en dólares no está reñido con un poder de compra mejorado en pesos, sobre todo en las escalas más bajas de remuneración. Quienes más pierden con el tipo de cambio alto, son las clases altas y medias altas que viajan mucho al exterior y se sienten comprimidas con sueldos en dólares más bajos. El asalariado común que gasta íntegramente su sueldo en el país, a la larga, se ve beneficiado por el tipo de cambio competitivo que le proporciona trabajo y posibilidades de progreso. Pero hecha esta aclaración, pienso que esta inquietud no tiene sustento, porque el gobierno que ha sabido sacar la Argentina del pozo depresivo en que había caído, sabrá tomar las medidas regulatorias. Entre la cuales se pueden incluir penalidades fiscales para las inversiones financieras de corto plazo que son la más dañinas por ser las más volátiles, en caso de producirse este *shock* de confianza del cual hablaba el consultor anónimo. De todas maneras, la postergación del canje de la deuda que se avisora a fines de noviembre de 2004, diferirá este shock de confianza hasta que se superen los problemas técnicos que frenan su efectiva realización.

Hemos visto en el capítulo anterior cómo el país salió de la crisis dentro del marco de la Constitución, lo que consolidó la democracia. En este último capítulo hemos descripto cómo los técnicos argentinos apañados por dos gobiernos sucesivos supieron diseñar y aplicar las medidas que permitieron ir superando la depresión económica y colocar al país en una senda de crecimiento sostenido. Lo que tenemos que ver ahora, es si la sociedad argentina presenta las condiciones para que un proceso de este tipo pueda llevarse a cabo. En el próximo capítulo, analizaremos los principales desafíos que debe afrontar el sistema político para que el proceso actual pueda seguir avanzando.

CAPÍTULO 7

EL DESAFÍO DE LA POLÍTICA

Para ser optimista en cuanto al futuro de nuestro país, hay que apostar a que la clase política sabrá dar una contestación al desafío que le imponen los acontecimientos y que cambiará positivamente para adaptarse a las nuevas exigencias de la sociedad.

Un repaso del pasado argentino muestra que los antecedentes históricos no son particularmente favorables. Desde el inicio de la primera presidencia fundadora, la de Bartolomé Mitre de 1862 a 1868, el sistema político se desenvolvió durante 54 años, hasta la ley Saenz Peña, con una democracia elitista en manos de buenos administradores. Los derechos cívicos estaban a la disposición de todos los ciudadanos, pero los derechos políticos se mantenían en manos de una elite dirigente. El modo complicado de elección de autoridades permitía obtener "libertad política para pocos y libertad civil para todos".[16] De 1916 hasta 1930 se conoció un período en que rigió un sistema democrático pleno, pero 14 años no fueron un lapso suficiente para su maduración. A la primera crisis, los perdedores supieron concitar la adhesión de la opinión pública para concretar el

[16] Botana Natalio R., *El orden conservador, la política argentina entre 1880 y 1916*, Editorial Sudamericana, 1977, p. 50.

golpe de 1930 que terminó con la democracia. Hasta 1943, el país vivió bajo una república, también en manos de técnicos capaces, pero que proscribía a parte de la oposición y para peor estuvo enmarcada entre dos golpes de Estado. En 1943 nuevamente los militares tomaron el poder. De 1946 a 1955 volvió la democracia pero en una atmósfera de confrontación que no favorecía la maduración de las virtudes cívicas y en 1955 una vez más un golpe militar se adueñó de la escena política. Desde 1958, hasta 1966, o sea apenas 8 años, se desarrollaron los dos períodos de Frondizi e Illia, y hay que ser indulgente para contar entre los períodos democráticos el correspondiente a Arturo Frondizi. Éste fue sometido a inumerables intentos de golpes militares y derrocado al cuarto año, si bien la oportuna reacción de las instituciones limitó los daños al permitir que el sucesor legal termine el mandato. Estos dos grandes presidentes no tuvieron tiempo de marcar con su impronta constructiva la historia política nacional. De 1966 a 1972 volvieron a gobernar los militares con el agravante de que si hasta entonces, los golpes militares siempre contaban con el apoyo de una parte de la clase política, durante este período se intentó eliminar a los partidos políticos proscribiéndolos. El regreso de Perón vía Cámpora, deparó a la ciudadanía 3 breves años de una democracia plebiscitaria no exenta de confrontaciones armadas entre facciones ideológicamente extremistas. La muerte del líder desencadenó la agonía, en manos de su inexperta segunda esposa y vicepresidente, de ese nuevo intento de resurgir democrático. El proceso militar de 1976, también canceló la actividad política durante 6 años, y recién con la derrota de la guerra de las Malvinas reaparecieron en escena los políticos profesionales. Como hemos visto, de la mano del radical Raúl Alfonsín declamando el preámbulo de la Constitución, se volvió a iniciar en 1983 el último intento democrático, el que estamos viviendo y que debe ser el definitivo. Somos una sociedad compleja, difícil de administrar. Alfonsín se encontró con una serie de problemas graves que no le dejaron el tiempo o la autoridad necesaria para administrar la economía. Logró pacificar a la sociedad, empezar a resolver el problema de los militares, pero no pudo evitar que la inflación se desbocara. Su sucesor, el justicialista Carlos Menem, entendió que para no vivir acosado como lo estuvo Alfonsín durante toda su presidencia, le convenía tercerizar la economía. Y lo hizo sin mesura, privatizando las empresas del Estado a pedido del establishment, abriendo sin límites las fronteras a los bienes y los capitales financieros, globalizando de golpe al país. Para sacarse de encima todos los problemas, de la mano de Domingo Cavallo, se desprendió de la moneda al implantar la convertibilidad que ató el peso al dólar.

De esta manera se dio el doble movimiento de tercerización de la economía que como contrapartida suponía la cooptación de la política por los grupos económicos concentrados. Y si aceptamos, que "la política y la economía están ligadas una a otra como lo están la acción y la vida"[17] como diagnosticaba acertadamente el general Charles de Gaulle, deduciremos que la mayoría de los políticos en la década del noventa, renunció a la política. Ya vimos que el pensamiento único de los países centrales había conquistado las mentes de los ciudadanos que se dedicaron a disfrutar las mieles del nuevo modelo sin preocuparse por las consecuencias. En cierta medida era lógico que sus representantes no contradijeran sus deseos, cosa que por otra parte les hubiera sido muy difícil de concretar. En efecto, los medios de comunicación se encargaban de alabar el camino elegido y ponderar el supuesto, sorpresivo y veloz ingreso de

<hr/>

[17] De Gaulle Charles, *Mémoires d'Espoir, le renouveau 1958-1962*, librairie Plon, 1970, p. 139 (traducción propia).

la Argentina en el club de los países del primer mundo. Sin duda las ventajas al principio eran superiores a los inconvenientes, pero la abdicación se tornó culposa después del efecto tequila en 1995. A partir de entonces estaba claro que la política adoptada no estaba exenta de problemas y que sus consecuencias eran una expulsión de capas cada vez más grandes de la población hacia la pobreza y la marginación por medio de la desocupación.

La consecuencia del abandono por los políticos de sus responsabilidades legislativas, los llevó a ocuparse de ellos mismos. Se olvidaron que la política en general y los políticos en particular son mediadores entre los intereses sectoriales y los intereses generales que se supone debe representar el Estado. Algunos intereses particulares, los de las grandes corporaciones económicas, se adueñaron del rol de los políticos, al tranformarse éstos en funcionales a los intereses de aquéllas. Los políticos se dedicaron a defender sus ventajas corporativas. En vez de ocuparse del interés general, se ocuparon del interés de la corporación política, lo que les resultó tanto más fácil cuanto que en nuestro país se trata de un vicio de larga data. El clientelismo político está particularmente desarrollado en la Argentina, y empeoró en los noventa. Pero más allá del clientelismo político, gran parte de la corporación política como tal –no toda por suerte– fue perdiendo su alma a través de la tentación de la corrupción que alcanzó niveles inauditos aún para nuestro país. Como suele ocurrir, la corrupción de las cúpulas incentivó la corrupción de los niveles inferiores. Fueron demasiados los intendentes y los concejos deliberantes que se dedicaron mucho más a enriquecerse que a ocuparse a conciencia de las responsabilidades públicas que les habían sido delegadas. Y en algunas zonas, particularmente en muchos partidos del Gran Buenos Aires, se acentuó la relación destructiva del orden público que representa la colusión entre algunos responsables políticos y funcionarios policiales para explotar el accionar de los delicuentes en su provecho. Ésta es una de las causas más dañinas y virulentas de la inseguridad que agobia en la actualidad a varias zonas del Gran Buenos Aires, en donde se han verificados varios secuestros extorsivos, en algunos casos trágicos, como en 2004 el del joven Axel Blumberg seguido de la muerte de la víctima. El desarrollo de esta clase de delito grave cuando, como veremos ahora, el nivel superior de la política ha reaccionado, se debe a la disconformidad de caudillos locales y policiales. En efecto, ante un cambio de rumbo que amenaza sus fructíferos negocios tienden a acentuar su colusión con los delicuentes como una forma de resistir al cambio.

Es evidente que a fines de 2001, ante la gravedad de la situación económica y social que vivía el país, los políticos reaccionaron. Ya hemos explicado las causas de la renuncia del Dr. Fernando De La Rúa, episodio en el cual trasunta claramente la voluntad de los principales líderes políticos de retomar el control de los destinos del país, quitándoselo a los miembros del establishment. No se ve esta reacción en la dubitativa Asamblea Legislativa del 24 de diciembre de 2001 que se limitó por mayoría simple a elegir al efímero Adolfo Rodríguez Sáa presidente por tres meses. Al contrario, esta reacción aparece claramente en la Asamblea Legislativa del 1 de enero de 2002, que fue el ámbito en donde los legisladores de todos los partidos presentes hicieron conocer su opinión crítica sobre las causas de la crisis socio económica. En la gran mayoría, sus exposiciones reconocían los errores de las políticas aplicadas y la necesidad de cambiarlas. Ya hemos visto que el Dr. Duhalde en su discurso de asunción como presidente, fue claro al respecto. Por otra parte, basta con releer las declaraciones de virulenta oposición de los miembros de las grandes corporaciones dueñas de las empresas privatizadas y del sector financiero. De ellas surge claramente que la política aplicada enfrentaba la voluntad de quienes habían legislado de hecho durante una década en la Argentina. Eran los responsables de las empresas privatizadas, sus proveedores y los dueños de los servicios dependientes de aquellas, que defendían "los desbalances surgidos de las maxiganancias de las empresas y el incumplimiento de las pautas contractuales".[18] Algunos pretenden que los empresarios locales productores de bienes transables se sustituyeron al antiguo establishment para condicionar a la corporación política. Me parece que los actores enfrentados se caracterizaban por un fuerte desequilibrio de poder a favor de los grandes grupos concentrados. Sin embargo no se puede negar que los políticos hayan sido influenciados por el justo reclamo de empresarios que iban irremediablemente a la quiebra de haberse mantenido el orden anterior. Tampoco se puede descartar que haya habido alguna empresa especialmente favorecida por las nuevas medidas adoptadas. Pero está claro que la enorme mayoría de los actores sociales reclamaba un cambio ante una situación de parálisis destructiva. Los políticos supieron cumplir con su deber al retomar el poder administrador y decisorio para cambiar el esquema destructivo. Basta con constatar la inquina de los medios más ligados al establishment desplazado, y las declaraciones directas de los miembros de éste, para darse cuenta de que eran perfectamente conscientes de estar perdiendo la posición dominante que habían detentado durante más de una década. Sin duda las cuentas de sus empresas se resintieron con la devaluación y las medidas complementarias que la acompañaron, lo que los enardeció aún más, pero sobre todo, los preocupaba la toma de conciencia de su irremediable desplazamiento

---

[18] Bielsa Rafael, canciller argentino, reproducido por *La Nación*, "Economía y Negocios", p. 1, 15/10/2004.

político. Éste elimina o aleja la posibilidad del retorno al status anterior que permitió las "maxiganancias" a las que, como hemos visto, hizo referencia el canciller Rafael Bielsa en octubre de 2004.

Esta sensación se agudizó debido al hecho de que la opinión pública reaccionó con vehemencia contra los principales políticos responsables del curso de acción anterior. Además de los cacerolazos cuyo epígono fue el de la noche del 19 al 20 de diciembre contra el presidente De la Rúa y el ministro Domingo Cavallo, se pusieron de moda los "escraches" que obligaron a muchos políticos a vivir prácticamente recluidos durante varias semanas, y en algunos casos, varios meses. Es cierto, que la opinión pública si bien reaccionó contra los políticos más notoriamente ligados al sistema anterior, amplió su rechazo a la clase política en general, con la aparición de la expresión "que se vayan todos". Esta expresión de deseos era utópica, porque no se puede cambiar a toda una clase política de golpe, de la misma manera que no se podrían cambiar todos los pilotos de líneas aéreas o todos los cirujanos. Pero el malhumor de la gente englobaba a toda la clase política y surgió un notable protagonismo. Se reunieron asambleas barriales y algunos creyeron que el país estaba en la antesala de una verdadera democracia participativa. De hecho, las asambleas se fueron deshaciendo de a poco, porque se trata de ámbitos mucho más aptos para la recepción de la protesta que para la discusión de propuestas concretas. Lo que subsistió durante más tiempo fue la vocación por formar asociaciones políticas, que aparecieron en gran cantidad. Pero fueron muy pocas las que pudieron concretar sus aspiraciones y juntar las firmas suficientes para presentar candidatos en las elecciones.

Lo cierto, es que como lo hemos analizado, este nuevo poder político consolidó su frágil base de sustentación, resistió los embates del establishment y llevó adelante la transformación económica que permitió la sistemática recuperación de esta área que se extiende desde 11 trimestre o 33 meses. Para obtener estos buenos resultados, además de adoptar las medidas técnicas adecuadas, hubo que negociar con el exterior los ríspidos problemas asociados al default de la deuda externa y a las tarifas públicas. Y además compatibilizar estas negociaciones con las medidas de ayuda social indispensables para sostener a los sectores marginados. Éstas eran necesarias mientras que se iba recreando el empleo, a un ritmo sostenido pero insuficiente dada la cantidad de desocupados y las carencias acumuladas. Pero lo más notable, es que la continuidad de la política se mantuvo a través de dos gobiernos consecutivos. Ya señalamos cómo el justicialismo se presentó en abril de 2003 con 3 candidatos, Menem, Rodríguez Sáa y Kirchner, apoyado por Duhalde, y cómo éste fue elegido presidente por el desistimiento de Menem en el ballotage.

Desde el 25 de mayo de 2003, día de la asunción del mando por parte del Dr. Néstor Kirchner, la afirmación de la política se hizo más clara. Con su ritmo vertiginoso, que lo llevó a abrir varios frentes a la vez y a confrontar con todos los que disentían con la línea de acción trazada a grandes rasgos el 1 de enero de 2002 y confirmada el 25 de mayo de 2003, se hizo claro quién mandaba en la Argentina. Tanto la decisión de su accionar, como las medidas adoptadas, le valieron al Dr. Kirchner una abrumadora mayoría de la opinión pública a su favor en los primeros meses de su gobierno. Cuando nos acercamos al año y medio de su gestión, su imagen sigue siendo positiva en más de un 60% y los que están en contra solo representan el 15%. Esto significa que la gran mayoría de quienes votaron a otros candidatos, aprueban actualmente el accionar del presidente. Esto se debe a que supo cumplir con lo prometido, y mantuvo la coherencia de su discurso tanto adentro como afuera del país. También se debe a que la enorme mayoría de la población aprueba el objetivo de desarrollar la Argentina en base a un sistema capitalista en serio, que no pretende eliminar el mercado como lugar insustituible para la formación de los precios. Pero que también reivindica el rol del Estado como fijador de las reglas de juego y garante del cumplimiento de las leyes en condiciones de igualdad para todos. La reasunción por parte del Estado de su rol de actor de última instancia en el alivio de las miserias sociales y gestionador de políticas de reinserción laboral y social como las desarrolladas por los ministerios de Trabajo y de Desarrollo Social, cierran el modelo que atrae el favor mayoritario de la opinión pública. El control de la inflación, y la solidez fiscal contribuyen a dar seriedad al conjunto. Sin duda cuando se analiza la gestión del gobierno y no solamente la imagen del presidente, los índices de aprobación son más matizados y los positivos apenas sobrepasan el 50% pero allí aparece una franja importante de quienes juzgan la gestión como regular, mientras que los que la ven como negativa no superan el porcentaje de los que se oponen a la figura del presidente.

Hay que constatar, por lo tanto, la consolidación del presidente y el funcionamiento aceptable de las instituciones, a pesar de la costumbre que viene de lejos de sobreutilizar los decretos de necesidad y urgencia que limitan el rol del Parlamento al de Cámara registradora con demasiada frecuencia. Pero esta constatación, positiva en sí misma, no nos garantiza que la política argentina reproduzca en futuras elecciones el modelo en marcha. Es cierto, que si bien la corrupción ha disminuido considerablemente en las altas esferas del gobierno, no ocurre lo mismo en todavía demasiadas instancias de menor nivel. El incremento de graves hechos de inseguridad como los secuestros, parecen demostrar cierta virulencia de sectores de aquel funesto entramado de relaciones entre operadores políticos municipales, fuerzas policiales y delincuentes del cual ya hemos hablado. Costosa en términos de seguridad para la ciudadanía, esta virulencia parecería demostrar que estos sectores están librando una lucha de vida o muerte para consolidar su territorio que ven amenazado. Esto significa que se sienten en peligro, lo que debe alegrar a la ciudadanía por que existe la posibilidad de derrotarlos o por lo menos de limitarlos severamente. Es cierto que existe una visión pesimista de la política argentina, y la más representativa es la de la Dra. Elisa Carrió. Ésta líder política, que cuando fue legisladora desempeñó un ímprobo y fructífero trabajo para investigar a los delitos financieros, especialmente al lavado de dinero, tiene un discurso pesimista. Sostiene que lo que esta viviendo la Argentina es una falsa lucha contra el delito y su asociación con la política, porque, según ella, el actual presidente está condicionado por el justicialismo de la Provincia de Buenos Aires. Éste, siempre según ella, como institución participa de esta colusión entre la política y el delito vía la Policía de la Provincia. Aun aceptando que un partido tan numeroso como el justicialismo de la Provincia de Buenos Aires, debe haber tenido sin duda muchos funcionarios corruptos, y aun aceptando la hipótesis de que la dirección del partido haya participado o tan sólo cerrado los ojos sobre estas prácticas corruptas, no se puede ser tan categórico y eliminar toda posibilidad de corrección como lo hace la Dra. Carrió. A mi juicio, la ex diputada comete el error de sobreestimar al pecador, y subestimar la estructura social y política que favorecía el pecado. Durante la década de los noventa correspondiente a la presidencia de Menem, junto con la farandulización de la política, la corrupción alcanzó niveles no conocidos en la Argentina en donde este tipo de actividad desgraciadamente siempre tuvo indeseable presencia. En este contexto, y con el mal ejemplo venido de arriba, es evidente que la corrupción se difundió en muchas estructuras políticas. Pero hoy, el ejemplo de arriba es distinto. El Dr. Kirchner, nos guste o no su accionar, demuestra dedicación, hasta se puede decir pasión por el desempeño de su cargo. Se ha rodeado de un gabinete compuesto por ministros de muy buen nivel, y ellos también se dedican con ahínco a su tarea. A riesgo de ser injusto por la selección, se pueden señalar al Dr. Lavagna, al Dr Bielsa, y al Dr. Filmus como ministros que descuellan por su solvencia intelectual. En muchos organismos del Estado, como la Anses, la AFIP, y la Inspección General de Personas Jurídicas se encuentran titulares que se destacan por su capacidad y la solidez de su personalidad. En cierta medida es lógico, porque un buen gabinete suele nombrar a colaboradores capaces en los puestos que dependen de su accionar. El gobierno en su conjunto transmite a la sociedad un ejemplo positivo que explica su buena imagen y presiona favorablemente sobre el accionar de los niveles inferiores de la política. Considero que la Dra. Carrió subestima el rol de este ejemplo, o su militancia opositora le impide ver el ejemplo positivo que dimana del actual Poder Ejecutivo nacional. Pero además, sumándose al buen ejemplo que proviene del gobierno, hay que tomar en cuenta la mayor exigencia de la sociedad. Ésta que luego de la terrible crisis que vivió durante varios años, ha desarrollado un elevado grado de sensibilidad para defender sus derechos, lo que se traduce por una gran capacidad de movilización ante hechos que la afectan. En los últimos años se han desarrollado muchas ONG de buen nivel que defienden con profesionalismo a la ciudadanía frente al poder político. Es un signo inequívoco de vitalidad de la sociedad civil. Hoy día, ante esta conjunción de mensajes que provienen del gobierno central y de la sociedad, los políticos para su propia supervivencia tienen interés en cambiar sus prácticas corruptas si es que eran adictos a las mismas. La renovación de la Justicia, con los cambios positivos en la Corte Suprema de Justicia, y la recién nominación de 4 nuevos jueces federales, es otra instancia más en pro del disciplinamiento de la política. La lucha está en marcha, puede ser más o menos larga, pero están reunidas las condiciones para que se llegue a un final feliz.

Por otra parte ya existen algunos ejemplos de éxitos políticos obtenidos en base a la alianza de un candidato correcto con un proyecto movilizador y la opinión pública mayoritaria. Es el caso de Aníbal Ibarra en la Capital, el de Luis Juez en Córdoba y de Hermes Binner primero y Miguel Lifschitz después en Rosario. También el del intendente de Morón Martín Sabbatella. Enfrentado a la corrupción del anterior intendente justicialista, lideró la acción comunal que obtuvo después de una larga lucha la separación del cargo del corrupto. A posteriori fue elegido intendente, y en 2003, fue reelegido en su cargo, demostrando que pudo luchar contra la estructura del partido justicialista. En un reportaje, efectuado recientemente explicaba su reelección apuntando a que:

> El año pasado, por ejemplo, discutíamos si la gente sabría o no cortar boleta; pero en realidad, la discusión era si tenían motivo fuerte para hacerlo. Si ese motivo existe, entonces es posible derrotar a los aparatos. Porque es mentira que son invencibles. Conclusión: un 34 por ciento cortó boleta, y un 19 colocó sólo la nuestra porque fuimos con nuestro partido local.[19]

Luego en el mismo reportaje explica cómo mediante una audiencia pública, auditada por veedores nacionales e internacionales consiguió transparentar el pliego de licitación para la contratación de la empresa responsable de la recolección de los residuos de Morón.

---

[19] Sabbatella Martín, reportaje de Laura Di Marco en *La Nación* del 10/10/2004, suplemento "enfoque", p. 6.

Esto permitió ahorrar el 35% del presupuesto previsto y satisfacer mejor a los vecinos. Indica que el nuevo partido que acaba de formar, El Encuentro por la Democracia y la Equidad intenta aglutinar a otros partidos, como el ARI de la Dra Elisa Carrió para formar un frente de centro izquierda. Es interesante constatar que este hombre joven de 34 años, dice textualmente:

> Creo que el gobierno nacional ha cambiado la agenda de los años noventa y ha recuperado el valor de la política. Hay muchos temas positivos que yo acompaño. Ahora hay en Kirchner una profunda contradicción entre la voluntad de cambiar y la estructura que lo sostiene... Mi opinión es que esas estructuras, que tienen una lógica perversa, terminan comiendo todo aquel que se meta en ellas.[20]

Es positivo constatar que hay hombres que pueden airear la política pero tenemos que constatar que en este caso, Martín Sabbatella comparte la opinión de la Dra Carrió en cuanto es imposible renovar las estructuras de los viejos partidos políticos como el justicialista y el radical. Yo insisto en considerar que si hombres como Sabbatella pudieron derrotar desde afuera al partido justicialista, debe ser posible para un presidente justicialista con el liderazgo del Dr. Néstor Kirchner, democratizar y renovar al partido justicialista desde adentro. Para eso me baso en los argumentos, puede ser que optimistas, que utilicé algunos párrafos más arriba. Constato que el académico inglés Colin Lewis, en un reciente reportaje reconoce los síntomas de vitalidad de la sociedad argentina y se pregunta si el Dr. Kirchner podrá democratizar al justicialismo. Con respecto a la vitalidad de nuestra sociedad explica:

[20] Ídem.

Es importante reconocerlo cuando se piensa en la magnitud de la crisis política y económica que existió en los últimos dos años y medio. Hay que recordar la crisis que determinó la partida adelantada de Raúl Alfonsín, la hiperinflación, hasta llegar al colapso de un modelo económico en 2001 y 2002. Debe de haber pocas sociedades que, relativamente, hayan salido tan bien de una situación así. Mirando los hechos en el contexto del pasado reciente, pocos hubieran pensado en un shock tan grande sin que se sufriera un golpe militar o alguna otra forma de toma autoritaria del poder. Se han evitado las peores prácticas del pasado. De alguna forma, si bien no está de moda decirlo, la continuidad constitucional refleja la fuerza de la sociedad civil.[21]

Luego, el pensador inglés toca el tema fundamental:

La pregunta es si Néstor Kirchner es capaz, si está equipado para crear algún tipo de democracia en el partido. Si lo lograra, ése sería su mayor legado. El problema está en que no tiene raigambre peronista.[22]

Menos categórico que la Dra. Carrió y el Dr. Sabbatella, Lewis demuestra una gran incredulidad. Por lo menos plantea el beneficio de la duda. Creo que es posible seguir sosteniendo la hipótesis favorable, partiendo de la base del éxito del gobierno del actual presidente y del efecto de demostración que el poder ejecutivo tiene sobre el resto de las estructuras políticas del país, particularmente el propio partido. Lo más probable, es que el objetivo se logre a medias, por etapas. Lo importante es que se trate de un proceso continuo y que avance en una sola dirección. También es necesario que

[21] Lewis Colin, *La Nación*, 1 de septiembre de 2004, "Cultura", p. 10.
[22] Ídem.

los críticos hagan su propia introspección. Para que haya democracia se necesita una oposición estructurada y con propuestas armonizadas en un programa para concitar la adhesión de parte de la ciudadanía. Para eso es necesario que las formaciones que apoyan a la Dra. Carrió y al Dr. Ricardo López Murphy dejen de ser el soporte pasivo de una personalidad, para transformarse en estructuras políticas con un proyecto coherente. Hay que confiar que el mismo proceso que obligará al justicialismo y al radicalismo a transparentar sus internas, obligará al ARI y a RECREAR a institucionalizarse.

Además, para que el desafío de la política termine en un éxito, es necesario mejorar las estructuras del Estado. Éste, contrariamente a lo que afirman los observadores que se dicen ortodoxos, no es el gigante con el cual quieren asustar a la gente. El Estado Argentino, con un gasto anual primario de un 20% del PBI para la administración nacional, y alrededor de un 27% del PBI sumando el gasto provincial, es un Estado relativamente pequeño. Esto surge claramente si se lo compara tanto con estándares europeos, en donde en Francia el gasto público supera el 40% del PBI, como con estándares sudamericanos en donde nuestro vecino Brasil tiene un gasto público que se aproxima al 35%, o con los mismos Estados Unidos en que supera el 30%. El problema argentino, es que nuestro Estado es un estado ausente por su tamaño que le obliga a abandonar áreas importantes y a desatender otras. También es un Estado poco eficiente por falta de capacitación de una parte significativa de sus agentes. Falta profesionalizar a gran parte de los puestos administrativos del aparato estatal, actualmente desempeñados por políticos o por la clientela de los políticos. Para esto es necesario crear una carrera administrativa que garantice que los cargos claves de la administración estatal estén en manos de gente que ha sido debidamente preparada y que pueda acumular la experiencia de una carrera no interrumpida por los avatares de la política. Por supuesto, cada titular del Poder Ejecutivo tiene que rodearse de cierto número de políticos que adhieran a sus ideas y den coherencia a su acción; pero en la actualidad, son demasiados los cargos sometidos a los vaivenes de la política. Lograr un progresivo mejoramiento de la capacidad de gestión, más allá de los cambios políticos que forman parte de la democracia, es un objetivo que debe ser prioritario para las autoridades. En nuestro país se avanzó algo, y se sigue trabajando al respecto, pero habrá que hacerlo con más vigor para que un aparato estatal cada vez más eficiente dé sustento a una política renovada.

El desafío de la política está planteado. El camino recorrido estos últimos tres años es alentador y hay que confiar que la superación de la crisis, el ejemplo de un Poder Ejecutivo eficaz y la presión de la opinión pública sobre los políticos y sus partidos llevarán a que logremos partidos políticos más transparentes y un Estado más profesionalizado.

Tenemos que concentrarnos ahora en la manera en que la política argentina en vía de recuperación enfrenta el acuciante desafío del empleo.

CAPÍTULO 8

EL DESAFÍO DEL EMPLEO

El fenómeno más negativo de las políticas aplicadas durante la década de los noventa lo constituye el fuerte incremento del desempleo. Se trata de una herida social lacerante que deja su marca en el cuerpo social del país, porque no solamente afecta a los damnificados directos, sino a toda su familia. La situación de desamparo del desocupado es grande aún ahora, a fines de 2004, en que los sostenes de familias en estas condiciones reciben el subsidio universal de los planes Jefas y Jefes de hogar de 150 pesos mensuales. Antes de mayo de 2002, sólo alrededor del 7% de los desocupados tenía acceso a un subsidio por desempleo, el cual se percibía durante el primer año de la cesación de actividad. Su situación era por lo tanto todavía más precaria y para sobrevivir dependían del apoyo económico de sus familiares. La falta de trabajo del jefe de la familia repercute dramáticamente sobre los demás miembros de la misma. El Dr Francisco Delich describe con crudeza la situación de la familia afectada por el flagelo:

Aunque el desempleo es por definición una situación no querida (para ser desempleado es preciso demandar trabajo) el estigma social –y familiar– es inevitable. En las familias urbanas de los sectores sociales

167

bajos estructurales, se ha podido comprobar a partir de encuestas, el severo deterioro de la imagen paterna, el fuerte cuestionamiento de la pareja, y la repercusión inmediata en la conducta de los hijos.[23]

Coincidentemente la revista *Criterio* analizando este problema, recalcaba el rol del trabajo como integrador social:

> En el debate acerca de las causas de la exclusión, muchos autores coinciden en que el trabajo opera como factor integrador central y privilegiado de inclusión. La falta de trabajo o su precarización, lleva a deteriorar los vínculos: la persona pierde pertenencia, deja de participar y de tener un lugar propio... Actualmente en nuestro país son millones los chicos nacidos en contextos de pobreza y exclusión, dato que confiere una inusitada gravedad a la cuestión.[24]

De esta manera, al problema actual de los padres que sufren las penurias económicas asociadas a la falta de empleo, hay que sumar el problema de los hijos. Éstos sufren frecuentemente las consecuencias de esta situación en la deserción escolar. Cuando pueden evitar caer en la tentación de la delincuencia, la ocupación laboral precoz en tareas precarias poco formadoras, les dificulta su inserción social cuando llegan a la edad adulta. Es por eso que se puede afirmar que la desocupación, mucho más que una simple estadística, es una verdadera herida inferida al cuerpo social. Esta herida no cicatriza fácilmente, en la medida en que el daño causado a los niños tiene muchas probabilidades de afectarlos en los

---

[23] Delich Francisco: *El desempleo de masas en la Argentina*, Grupo Editorial Norma, Kapeluz editora, 1997.
[24] *Criterio*, "Pobreza y exclusión social", Editorial del No. 2297, Septiembre 2004.

años posteriores cuando sean adultos. Éste es el problema de fondo que se fue gestando durante todo el período de la convertibilidad: larvado en la primera mitad cuando había crecimiento con exclusión y masivo después, cuando aparecieron el estancamiento primero, y la recesión luego, hasta el colapso de fines de 2001. Al principio de un proceso de destrucción del empleo, las personas menos preparadas y con menor instrucción son las primeras en caer. Pero a medida que el proceso se consolida, va afectando cada vez más a grupos de gente más preparada. En los momentos más álgidos de desocupación, el problema no se limita a la franja de menores recursos. La encuesta sobre la desocupación de mayo de 1999 de la consultora Equis indicaba que el 19% de los desempleados tenía estudios terciarios, universitarios incompletos, completos o más y el 17% contaba con el secundario completo, mientras que el 64% tenía estudios secundarios incompletos o menos. Es cierto que el no tener estudios universitarios y dominio de un idioma y de computación hace más difícil el acceso al mercado laboral, pero la cifra de profesionales desocupados en 1999 indicaba que las mejores calificaciones no son una garantía de inmunidad ante el flagelo del desempleo.

El nivel de desocupación estructural que se fue acumulando desde el lanzamiento del plan de convertibilidad hasta alcanzar el 18% en octubre de 2001 era desconocido por la Argentina. En efecto, en nuestro país de fuerte inmigración a fines del siglo XIX y principios del XX, la desocupación fue un fenómeno esporádico ligado a las crisis económicas. Aunque en menor medida que en los Estados Unidos, la crisis de 1930 afectó el país y apareció una desocupación prolongada de una profundidad desconocida que algunos estiman en el 28% de la población activa.[25] A medida que la cri-

---

[25] Gerchunoff Pablo, Llach Lucas: *El ciclo de la ilusión y el desencanto*, Ariel Sociedad Económica, 1998.

sis se fue superando, la desocupación desapareció como problema y se mantuvo en alrededor del 4% de la población activa, lo que se considera como la desocupación friccional que registra a la gente que cambia de empleo y se encuentra en el proceso de transición. Esta situación duró 60 años hasta el inicio de la década del noventa, con breves períodos de eclosión como durante las crisis de 1962 y 1989. En 1991, cuando se inició el plan de convertibilidad que se aplicó hasta enero de 2002, la tasa de desocupación era de un 7%. En octubre de 1994 ya alcanzaba al 12% y durante el año 1995, en plena crisis contagiada del efecto tequila mexicano, se incrementó hasta un 18,6% en mayo de este año. Con la superación de la crisis a fines de 1995, el fenómeno se fue absorbiendo muy lentamente y sólo volvió al nivel de 1994, o sea un 12%, en mayo de 1998 y por poco tiempo. La recesión de 1999 incentivó el problema, que creció sistemáticamente hasta llegar nuevamente en octubre de 2001 al registro de 18% del año 1995. La crisis posterior a la devaluación de enero de 2002, en un primer momento agravó el problema llevando la desocupación al 22% en octubre de 2002 si no se toman en cuenta a los entonces beneficiados por los planes Jefas y Jefes de hogar y al 17.8% considerando como ocupados los beneficiarios de dicho plan que realizaban alguna tarea comunitaria. Durante 2003, la reactivación de la economía permitió crear empleos y la tasa de desocupación, tomando en cuenta a los beneficiarios de los planes asistenciales con contraprestaciones, bajó al todavía elevadísimo nivel de 16,3%. La mejoría persistió en 2004, aunque haya sido menos espectacular que en el 2003, y la desocupación en junio de 2004 se estimaba en alrededor del 14,8%. Estas cifras indican claramente que durante la década del noventa y principios de los años 2000, la desocupación constituyó y sigue constituyendo un problema mayúsculo de la sociedad argentina. Éste se agrava si se toma en cuenta que a los desocupados hay que agregar un porcentaje similar de trabajadores subocupados, es decir que no consiguen trabajar a tiempo completo, lo que duplica los índices de personas que sufrieron y sufren graves problemas laborales.

Como ya lo hemos visto, pero nunca se repetirá suficientemente, el desempleo es un drama, porque es la antesala de la marginación social, la que con demasiada frecuencia es irreversible. En un interesante estudio el Dr. Jorge Carrera nos explica que la desocupación lógicamente se incrementa con la crisis, pero que la recuperación del empleo en la fase de reactivación económica no consigue devolver a los desocupados el poder de compra que tenían antes de su siniestro laboral. Nos dice:

> El fenómeno que parece observarse es el que en la teoría se llama histéresis en el cual al ocurrir un *shock* los niveles no vuelven a su estado anterior porque no es posible para el nuevo pobre reinsertarse en las condiciones precedentes. Cada *shock* negativo deja una franja de la población en peor situación. Muchos de los que perdieron su trabajo no lo recuperan y en el mejor de los casos se reinsertan en actividades con menor productividad y menores salarios. De este modo van entrando al grupo de los excluidos más personas. Esto genera el particular fenómeno de que la pobreza se reduce con el nuevo período de crecimiento pero la exclusión sigue su evolución creciente.[26]

Este fenómeno explica por qué es indispensable actuar en ayuda de los desocupados primero, y luego, siendo esta la tarea más importante, idear políticas para la más rápida reinserción laboral de los que padecen

---

[26] Carrera Jorge: "Pobreza, exclusión social y dinámica macroeconómica", *El Economista*, 25 de junio de 1999.

este grave problema. Hemos visto que el problema de la desocupación fue considerablemente agravado durante la convertibilidad por la ausencia de una política eficaz de apoyo a quienes padecían las consecuencias del flagelo. Hasta mayo de 2002, sólo un 7% en promedio de los desocupados podían acceder al subsidio por desempleo que se destinaba únicamente a los despedidos de empleos formales. El 93% de los restantes estaba librado a la buena de Dios. A partir de mayo de 2002, el gobierno implementó el plan Jefas y Jefes de hogar, que otorga un subsidio universal a toda persona que esté sin trabajo y tenga a su cargo por lo menos un menor de 18 años. El subsidio es de 150 pesos por mes, y sin duda es insuficiente, pero llegó a 2 millones de hogares y constituye un valioso aporte para mitigar las penurias que sufren las familias cuyo jefe se ha quedado sin trabajo. Se trata de un esfuerzo fiscal serio de alrededor de 4.000 millones de pesos por año, que además de la ayuda concreta que otorga a los damnificados, es un claro símbolo de que la sociedad no sigue siendo indiferente al drama de la desocupación. Esto en cierta medida contribuye a mejorar, aunque de manera insuficiente, la autoestima del desocupado, que siempre resulta gravemente afectada. Por supuesto este subsidio es solamente un paliativo, que de prolongarse en el tiempo corre el riesgo de hacer perder la cultura del trabajo a un porcentaje no desdeñable de la población. Sin embargo forma parte de lo que Amartya Sen, premio Nobel de economía en 1998 llama la "seguridad protectora". Según él:

> La seguridad protectora es necesaria para proporcionar una red de protección social que impida que la población afectada caiga en la mayor de las miserias y, en algunos casos, incluso en la inanición y la muerte. El aspecto de la seguridad protectora comprende mecanismos institucionales fijos como las prestaciones por desempleo y las ayudas eco-

nómicas fijadas por la ley para los indigentes, así como los mecanismos ad hoc como ayudas para aliviar las hambrunas o empleo público de emergencia para proporcionar unos ingresos a los pobres.[27]

A pesar de esto, el programa fue duramente criticado por algunos abusos que demostraron que una fracción de estos planes, violando los mecanismos de control implementados, se prestaban a manifestaciones de clientelismo político. Sin embargo, en este programa financiado en parte por el Banco Mundial, el índice de eficiencia del sistema se acerca al 95% y si bien los abusos deben ser combatidos con el máximo rigor, hay que reconocer que el objetivo buscado fue básicamente alcanzado. La bancarización de los beneficiarios, en curso, permitirá eliminar la inmensa mayoría de los abusos. De todas maneras, la cantidad de planes está por suerte en regresión y actualmente, en septiembre de 2004, existen alrededor de 1.600.000 beneficiarios lo que significa que unos 500.000 de los primeros adheridos al sistema han encontrado un empleo. La marea del desempleo que a fines de 2001 y principios de 2002 parecía una ola que crecía sin contención, alcanzó su techo en junio de 2002 y desde entonces ha iniciado una persistente declinación. Lo que es indispensable es asegurarse que esta declinación continuará y que su ritmo al menos se mantendrá y de ser posible se acelerará.

Para conseguir una baja consistente y relativamente rápida de la tasa de desempleo es necesario aplicar varias políticas simultáneas. Esto supone enterrar algunos mitos y animarse a reconocer que no todas las políticas de crecimiento tienen el mismo efecto sobre el empleo, y que si bien la flexibilidad laboral facilita el

[27] Sen Amartya: *Desarrollo y libertad*, Editorial Planeta Argentina, 2000, p. 59. Título original: *Development as freedom*, 1999.

empleo, por sí misma no tiene ninguna entidad para resolver el problema. Por fin, es necesario admitir que el rol del Estado es importante en la orientación de las inversiones en sectores que emplean mucha mano de obra, y que la ayuda social, además de contener a los desocupados debe ayudarlos a reinsertarse cuanto antes al trabajo.

En lo que respecta a que todas las políticas de crecimiento no tienen el mismo efecto sobre el empleo, basta recordar que durante la década del noventa disminuyó el costo laboral estatal para el empresario como consecuencia de la reducción de los aportes patronales a la seguridad social. También se duplicó el número de trabajadores informales, los cuales no le generan ninguna contribución social a los empresarios, a costa de quedarse sin ninguna protección social. Estos llegaron a representar más del 40% del total, problema que persiste en la actualidad. Y sin embargo, durante la vigencia de la convertibilidad, con lógicos picos en los momentos de recesión, ni la reducción de los costos, ni la flexibilización de hecho que significa el empleo informal, pudieron contrarrestar los altísimos índices de desocupación. Esto parece demostrar que para que funcione correctamente el mercado laboral, es esencial que además de un crecimiento económico sostenido, éste sea acompañado por una correcta distribución de la riqueza de tal manera de mantener en un buen nivel la demanda agregada. El modelo de concentración de la riqueza que funcionó en la década de los noventa conspiraba contra un crecimiento autosustentable. Este efecto negativo fue potenciado por la sobrevaluación cambiaria que estimuló las importaciones y destruyó gran parte de la producción nacional de bienes transables. El mecanismo macroeconómico implementado en 2002 y afinado desde entonces, con un tipo de cambio competitivo, la recuperación de la moneda propia y una política monetaria activa dentro de los límites de la prudencia y manejada por un Banco Central profesionalizado, creó el marco para la recuperación del empleo. La política fiscal con la creación de las retenciones a las exportaciones y una recaudación mucho más activa, especialmente en lo que se refiere al impuesto a las ganancias que por primera vez desde décadas superará en 2004 al IVA interno (sin tomar en cuenta el IVA cobrado sobre las importaciones), cumple una función de redistribución. El primer ejemplo de esta afirmación son los planes Jefas y Jefes de hogar. La política salarial determinada por el Estado a la salida de la crisis, tuvo también un cariz distributivo, ya que el sueldo mínimo, y la jubilación mínima, con los últimos aumentos de 2004 ganaron significativamente poder de compra al incrementarse mucho más que la inflación. La disminución de los desempleados y el aumento de los asalariados distribuyó poder de compra a gente anteriormente marginada. Probablemente esta masiva incorporación de nuevos trabajadores a raíz de la política de sustitución de importaciones, consecuencia de la nueva paridad cambiaria favorable a la producción nacional, fue el más poderoso redistribuidor del ingreso y sostén de la recuperación de la actividad. La relación empleo-producto, es decir el coeficiente que liga la tasa de crecimiento a la de empleo pasó de un mezquino 0,4 –que explica en gran parte la desocupación estructural de la convertibilidad– a un sólido 1 que empareja el crecimiento con el empleo. Esta ligazón estricta entre crecimiento y empleo le ha dado un carácter inclusivo al actual crecimiento. En 2003, se crearon 1 millón de puestos de trabajo, y una vez restadas las personas que se jubilan y sumados los miembros de las nuevas generaciones que se incorporan al mercado de trabajo, encontraron trabajo 850.000 desocupados. Como la relación empleo-producto sigue cercana a la unidad en 2004, y el crecimiento del PBI será similar, la creación de puestos de trabajo será muy parecida este año a la del año pasado. Desde junio de 2002, se

175

habrán generado, pues, cerca de 2 millones de puestos de trabajo. El Indec informaba en septiembre 2004, que en el tercer trimestre el Índice de Obreros Ocupados aumentó 9,8% respecto a igual período del año anterior y que el índice en cuestión ya había alcanzado el nivel registrado cuatro años atrás. La Fundación Capital estima que al ritmo actual de creación de puestos de trabajo, la desocupación caerá al 13% a fin de este año y que la pobreza seguirá disminuyendo, desde su todavía altísimo nivel, al bajar al 40% desde el 44,7% de mitad de año.[28] Se trata de un índice todavía muy elevado, pero no deja de ser significativo de que en dos años la desocupación haya bajado tan marcadamente, porque de seguir la tendencia en 2005, sería posible acercarse a una desocupación de un solo dígito.

Sin embargo, aun suponiendo que el actual y fuerte ritmo de crecimiento se mantenga, lo que muchos economistas ponen en duda, la creación de puestos de trabajo por el mero juego de las demandas que surjan en el mercado de trabajo no será tan favorable como estos dos últimos años. En efecto, en 2003 y 2004, la reactivación incorporó a la actividad en primer termino a los trabajadores más especializados. Es de temer que poco a poco, a medida que vaya disminuyendo la cantidad de desocupados irá apareciendo un problema de calificación de los demandantes de empleo. Los profesionales, los titulares de un diploma secundario en su mayoría ya se han reubicado. Los desocupados restantes tienden a constituir un núcleo duro de gente difícilmente ubicable porque o tiene solamente estudios primarios, o ni llegó a completar la enseñanza primaria, o tiende a ser mayor de cuarenta años. Personalmente soy más optimista porque pienso que si se mantiene la política de tipo de cambio competitivo, las empresas ne-

[28] Benedetti Eugenia: *El Cronista*, 27 de septiembre de 2004.

cesitarán incrementar su dotación de personal para no perder oportunidades de negocios, y recurrirán a estas personas menos favorecidas, dedicando más tiempo a su formación interna en la empresa. Es cierto que la economía moderna requiere cada vez más de una mano de obra con capacidades desarrolladas, los famosos "trabajadores simbólicos" que definió Robert Reich a principio de la década de los noventa.[29] También lo es que el crecimiento económico incentiva la creación de puestos de trabajo que no requieren dotes especiales, más allá de la voluntad de trabajo y un correcto sentido común. Pienso en particular a la gente que trabaja en la construcción, en los depósitos de logística o en los comercios importantes acarreando mercadería, en las empresas de limpieza o de vigilancia para dar solamente algunos ejemplos.

Dicho esto, es evidente que la educación juega un rol fundamental en la formación de las generaciones futuras. Y una de las peores consecuencias de la última crisis ha sido el deterioro de la educación que ya venía jaqueada desde muchos años. Este deterioro es consecuencia tanto de la merma de la calidad educativa en los establecimientos que la imparten, como de la crisis social que distorsionó la vida familiar al llevar a la pobreza a una insoportable proporción de la población. Los problemas no son los mismos en todas las regiones del país, pero se han incrementado, sobre todo en los momentos más álgidos de la crisis, la deserción escolar y la subalimentación de una proporción tal de niños que debería avergonzarnos. En muchas escuelas las maestras primarias tienen que dedicar por lo menos tanto tiempo a los aspectos alimentarios y sanitarios de sus

---

[29] Reich B. Robert: *El trabajo de las naciones*, Javier Vergara editores, 1993, Título original: *The Work of nations*, Vintage Books, A Division of Random House, 1991.

alumnos como a la enseñanza en sí, lo que va en detrimento de la misma. El deterioro pedagógico también afectó a las escuelas secundarias, y la proporción de adolescentes que abandonan estos estudios o directamente ni los empiezan se incrementó en los últimos años. Esto hace pesar una grave hipoteca sobre la capacidad intelectual media de la población futura. Es necesario volver a jerarquizar la actividad de los docentes, mejorando poco a poco sus remuneraciones y brindándoles una mejor formación y la posibilidad de capacitarse en el transcurso de su carrera. Es urgente mejorar el prestigio de la función docente actualmente muy disminuido. Es por eso alentador que en el presupuesto de 2004, el Ministerio de Educación haya sido dotado de una partida significativamente superior a la del año anterior. Este esfuerzo deberá ser continuado en los próximos años, porque el nivel de educación de las nuevas generaciones constituye la mejor inversión que puede realizar una nación.

Asimismo, hay que destacar el incremento en el presupuesto 2004 de las partidas destinadas a las universidades nacionales. Esto parece indicar que las autoridades están tomando conciencia de la importancia de la formación intelectual de quienes pasan por los institutos de educación superior.

Pero aunque simbólico, también debe ser aplaudido el incremento de las sumas destinadas a los institutos de investigación científica. El gesto es positivo, pero el camino por recorrer es enorme. En un excelente artículo aparecido en la revista *Criterio*, Arturo Prins sostiene que ya Belgrano tenía claro que con la sola explotación de los "frutos del país" gozaríamos apenas de "una fugaz primavera". Nos recuerda que otros pensadores como Alejandro Bunge y el premio Nobel de ciencia el Dr. Bernardo Houssay tenían claro que "el estímulo más poderoso para el adelanto científico era el desarrollo de las industrias que nos faltaban". Luego nos indica que:

El auge de la economía del conocimiento y su incidencia en el desarrollo hizo que, a fines de la década del 50, se aunaran criterios para medir en términos económicos las inversiones en investigación y desarrollo (I+D)....El Manual definió a la I+D como el proceso que suma la investigación básica, la investigación aplicada y el desarrollo experimental... Se habla de una economía débil cuando un país invierte menos del 1% de su PBI en I+D. El promedio de inversión europea es de casi 2% y los países más avanzados se acercan al 3% o lo superan. La media latinoamericana es baja: 0,60%. Sólo Brasil alcanzó hace poco el 1,05%. La Argentina está entre los últimos de la región y del mundo: 0,25%... El aporte empresario se orienta mayormente al desarrollo experimental, y el Estado y las ONGs financian especialmente la investigación básica y aplicada, de mayor tiempo y riesgo. Cuando el aporte empresario supera el 50% del total invertido, los países se desarrollan, pues las economías incorporan patentes y tienen competitividad y valor agregado. En las naciones más avanzadas las empresas financian del 60% al 75% de la I+D. En América latina, Brasil está a la cabeza con un 42% de inversión empresaria sobre el total; en la Argentina dicha inversión es bajísima: muy por debajo del 20%, a tono con el bajo protagonismo industrial.[30]

Arturo Prins ve en la ausencia de inversión en I+D la causa de nuestro bajo desarrollo y considera que solamente un fuerte incremento de la misma nos permitirá tomar el sendero del desarrollo sostenido en el que nos precedieron los países exitosos de Asia así como Irlanda y Finlandia. Para terminar nos recuerda que

[30] Prins Arturo: "La razón de nuestra crisis", *Criterio*, No. 2297, septiembre 2004.

con traer el 1% por año de los más de 100 mil millones de dólares que los argentinos poseemos en el extranjero e invirtiéndolos en I+D empezaríamos a crear las condiciones para nuestro despegue económico.

Pero es cierto, que después de tantos años de una desocupación estructural, sería peligroso dejar este grupo de desempleados con mínima capacitación únicamente en manos del mercado laboral. Es por eso que son positivos los esfuerzos realizados por el Ministerio de Trabajo mediante programas, como entre otros el de formación, o el de enlace de los beneficiarios de los planes Jefas y Jefes con empresas que pueden incorporar a sus beneficiarios a su plantel completando durante un año su sueldo porque el Estado sigue pagando al nuevo trabajador sus 150 pesos mensuales. También son muy importantes los planes "manos a la obra" del Ministerio de Desarrollo social que tanto en el Gran Buenos Aires como en el interior del país, incentivan a beneficiarios de planes a involucrarse en un miniemprendimiento. Para lo cual, el ministerio mediante convenios con organismos públicos como el Instituto de Tecnología Industrial y otros, les proporciona la tutoría necesaria para que el nuevo emprendimiento pueda arrancar y volverse autosustentable. Muchas personas se descorazonan porque son muchos los nuevos proyectos que fracasan. No tienen en cuenta, que el clima que se crea alrededor de estos nuevos emprendimientos es un clima positivo que incentiva a más gente a participar. Además, a veces hasta los fracasos pueden servir de lección y ser el paso previo a un éxito futuro, aunque en esta materia, todo depende de la personalidad del involucrado y no se pueden establecer reglas fijas al respecto. De todas maneras, la principal ventaja de estos programas es que mantienen la desocupación como un flagelo social que hay que combatir. Además los desocupados sienten que la relación de la sociedad hacia ellos ha cambiado, cuando son varios los ministerios y muchas centrales empresarias los que dedican imaginación y esfuerzo para ayudarlos a encontrar la solución al problema que los agobia.

Debido a que el daño social que acompaña el desempleo es de tal magnitud, hay que insistir en la idea de que si es cierto que el crecimiento crea empleo, como lo acabamos de ver, también en cierta medida, el empleo acelera el crecimiento. Esta forma de ver las cosas incentiva a buscar todas las situaciones en que, dentro de un presupuesto equilibrado, se puedan destinar partidas para poner a trabajar gente desocupada.

Es por eso que son tan importantes las iniciativas oficiales destinadas a ofrecer trabajos concretos a los beneficiarios de los planes de asistencia. Estos ofrecimientos de trabajo pueden surgir de iniciativas estatales como la construcción de viviendas o la recuperación de talleres ferroviarios. También de iniciativas mixtas, derivando beneficiarios de los planes sociales, en ciertas proporciones, a empresas privadas que actúan como proveedores de los emprendimientos estatales o por cuenta propia. Para lograr este fin sería positivo que el uso de los fondos del presupuesto destinados a desarrollo económico, así como los de asistencia social sean tratados en conjunto por el ministerio de Economía, el de Planificación Federal, el de Trabajo y el de Desarrollo Social para orientarlos hacia el empleo de la manera lo más eficiente posible.

En este mismo orden de ideas, será necesario que los organismos oficiales monitoreen el ritmo de las inversiones en las zonas de las economías regionales que sufrieron particularmente el atraso cambiario de los años noventa. Sin duda, la nueva paridad ha reactivado muchas de estas producciones y atraído inversiones, pero es tal el atraso acumulado durante varios años y tan penoso el costo humano de este atraso, que no se puede dejar la recuperación de estas zonas libradas entera-mente al mercado. Los fondos públicos, dentro de lo presupuestado, deberán orientarse a este tipo de regiones, en una proporción a determinar, y ser destinados a empredimientos de inversiones en infraestructura y vivienda, cuya ejecución se deberá subcontratar al sector privado. Por supuesto, será importante que parte de los fondos públicos provengan de las provincias beneficiadas por los aportes del gobierno central, para que se involucren los gobiernos y las comunidades locales. Las comunidades del tercer y del cuarto cordón del Gran Buenos Aires, deberían ser objeto del mismo tipo de apoyo que las regiones postergadas del interior.

Existen planes de obra pública ambiciosos, que requieren la contratación de una abundante mano de obra, como los elaborados por el Dr Guillermo Laura, que prevén la construcción de miles de kilómetros de autopistas financiadas por un impuesto, poco significativo, sobre los combustibles. También, la construcción de viviendas por parte del sector privado financiadas al comprador por los bancos comerciales. Éstos intervendrían una vez que se haya entregado la vivienda al beneficiario, el cual hipotecaría la misma a favor de la entidad prestamista. El empresario de la construcción invertiría en la casa sabiendo que el comprador conseguirá el préstamo necesario para la compra. Éste préstamo a 30 años se indexaría pero la tasa de interés sería nula, porque el Estado utilizaría los fondos del FONAVI para compensar a los bancos. En vez de que el Estado imponga una determinada vivienda, generalmente colectiva a la población como ocurre con los planes del FONAVI, cada interesado contrataría con la empresa constructora de su agrado la construcción de su casa o elegiría un departamento en un complejo de su gusto construido por algún grupo empresario. Los fondos del FONAVI se destinarían a pagar los intereses de la capa de la población que podría acceder a este tipo de financiación. El ingeniero Enrique Martínez, en un libro de reciente aparición[31] propone un sistema similar para la construcción de viviendas y la forestación. En este último caso propone pasar de 1 millón a 5 millones de hectáreas la superficie plantada con bosques cultivados en un lapso de 10 años, lo que ocuparía a 160.000 personas en las tareas de forestación y a 640.000 personas en las tareas de acarreo y manufactura del incremento de la producción de madera. La recuperación de capital invertido por el Estado provendría en este caso del impuesto al valor agregado que deberían pagar los segmentos de la cadena de valor no vinculados en forma directa a la exportación.

Sin duda existen muchas otras iniciativas que deberían ser estudiadas, pero lo esencial es actuar constantemente en la más eficaz utilización de los fondos públicos para acelerar la erradicación de la desocupación como una meta prioritaria. El gobierno por ahora sigue con el concepto clásico de obra pública y ha concretado la apertura de fondos fiduciarios. En éstos se depositan recaudaciones de servicios e impuestos cobrados y que sirven o servirán al financiamiento de la obra pública. En el ejercicio 2004, la ejecución de las partidas destinadas a obras públicas fue muy parcial, no se sabe si por ineficiencia en la gestión o por prudencia financiera. Probablemente sea por la conjunción de los dos factores. Pero a pesar de esto la desocupación disminuyó sensiblemente si bien sigue siendo demasiado elevada. Como en el presupuesto de 2005 enviado al Parlamento, se incrementaron las partidas de obras públicas y los fondos fiduciarios han crecido, es de esperar que el ritmo de la obra pública se incremente fuertemente el año que viene lo que tendrá un efecto positivo sobre la creación de empleo.

---

[31] Martinez Enrique: *El fin del desempleo*, Capital Intelectual, 2004.

Un ritmo correcto de crecimiento económico, y un incremento de la obra pública, que por otra parte mejorará el rítmo de crecimiento, así como un aumento progresivo de las inversiones en I+D, como el tímidamente iniciado, permiten ser optimista en cuanto a que disminuirá la desocupación. A raíz de la evolución de los dos últimos años y las perspectivas futuras es posible pensar que el desafío del desempleo, una condición esencial para mirar con optimismo la Argentina, será ganado.

Tenemos que abocarnos ahora a estudiar el desafío del crecimiento económico sustentable, sin el cual las mejoras sociales y la lucha contra el desempleo son muy difíciles de llevar a cabo.

CAPÍTULO 9

EL DESAFÍO DEL CRECIMIENTO ECONÓMICO

Para sostener una visión optimista de la evolución de la Argentina hay que estar convencido de que el repunte de la actividad económica que se conoció en estos dos últimos años, repunte espectacular que superó todas las expectativas, no se trata de una simple recuperación sino de un proceso sostenible en el mediano plazo. En efecto la deuda social interna muestra un nivel de pobreza que supera aún el 40% de la población, el nivel de indigencia es de alrededor del 20% de la misma y el desempleo se estima del orden del 13% para fines de 2004. Estas cifras si bien denotan una importante mejoría con respecto a su nivel más álgido alcanzado a mitad de 2002, siguen siendo dramáticas. El achicamiento de estas cifras, todavía insoportables, puede acelerarse por la aplicación de políticas redistributivas, como de hecho se empezaron a aplicar desde 2002 hasta la fecha. Pero estas tendrán más éxito si la economía sigue creciendo de manera sostenida en el mediano plazo. Como lo anticipamos a fines del sexto capítulo de este ensayo hay elementos para pensar que más allá de la recuperación, que efectivamente existió a fines de 2002 y principios de 2003, estámos viviendo actualmente un genuino proceso de crecimiento económico. Fundamentar esta confianza es la tarea que nos impondremos a lo largo de este capítulo.

Les costó mucho a los economistas que apoyaron a la convertibilidad entender lo que ocurrió en la Argentina después de la devaluación. Su perplejidad se tradujo en la calificación de "veranito" económico que le dieron al repunte de la actividad iniciado en el tercer trimestre de 2002 y que se aceleró fuertemente en el cuarto. Siguieron sin entender el mantenimiento de la tendencia positiva durante todo 2003, y como el precio de la soja, el principal cereal exportado por nuestro país conoció, efectivamente, un fuerte aumento en su cotización, atribuyeron al incremento del importe de las exportaciones de soja y a los ingresos fiscales de las retenciones, la totalidad del mérito de la recuperación. No intentaron balancear su opinión con los demás datos de la realidad que señalaban, que si era cierto que el precio de la soja había ayudado a incrementar el valor de las exportaciones, la recesión que vivió Brasil durante 2003 frenó las exportaciones de manufacturas de origen industrial hacia este destino, e incentivó las importaciones del mismo origen. Pero más allá de las cifras del comercio exterior que sin duda son importantes, lo que ocurrió en la Argentina fue un cambio radical del mecanismo macroeconómico. Este cambio supuso una transformación no menos radical del paradigma en boga hasta este momento. Esta transformación profunda es justamente la que alimenta el optimismo que uno puede exteriorizar en cuanto a las perspectivas futuras del desenvolvimiento de la economía.

Para los economistas que apoyaron la convertibilidad, el modelo vigente hasta fines de 2002 era perfecto, y empezó a funcionar mal cuando el déficit fiscal, que atribuyen exclusivamente al incremento del gasto, generó desconfianza y frenó el ingreso de capitales. No les preocupó la distorsión de precios relativos ni su consecuencia directa, el déficit comercial externo en los años de crecimiento, acompañado por el de los servicios conexos y de los intereses financieros. Este déficit de la cuenta corriente del balance de pago hacía depender el crecimiento del aumento de la deuda. Focalizaron su análisis sobre el aumento del gasto publico primario, y no prestaron suficiente atención al sideral aumento de los intereses de la deuda. La sangría que en los ingresos del Estado provocó la adopción masiva del sistema de jubilación privado fue considerado una inversión para futuras décadas. Su optimismo se basaba en la creencia de que los capitales nunca se equivocan. Vieron el lado positivo de las privatizaciones, sin detenerse suficientemente sobre los valores de las tarifas, las que impactaron sobre el gasto del Estado y los costos empresarios. La creciente desocupación, la flexibilización laboral que en el mercado informal llegó a extremos que tornaron precarios una cantidad cada vez mayor de puestos de trabajo, el aumento de la desigualdad social, que destruía progresivamente el capital social, asi como la concentración de la riqueza, fueron vistas como daños colaterales asociados a las demás bondades de la globalización.

Era lógico por lo tanto que ante la merma del ingreso de capitales en el segundo semestre de 1998, que inició el proceso recesivo en una economía que vivía bajo perfusión de dólares prestados, su receta haya sido hacer más de lo mismo. Intentaron atraer los capitales faltantes mediante sucesivos ajustes, que lo único que lograban era potenciar la recesión, afectar el nivel de la recaudación e incrementar el déficit y la desconfianza de los inversores. En el año 2001 el primer rubro del presupuesto nacional lo constituyeron los intereses a pagar con 12.000 millones de dólares-pesos, casi la mitad de las exportaciones. No entendieron que la restricción externa había llegado al límite. Que era necesario cambiar la estructura de precios relativos exageradamente deformada en detrimento de los bienes transables que constituyen lo esencial de las exportaciones en cualquier país. Esa deformación estructural que había hecho de los servicios, grandes consumidores de divisas baratas, los principales beneficiarios del crecimiento de la década, era la que llevaba la experiencia al desastre. Y era eso lo que unos pocos economistas[32] intentaban explicar alejándose con valentía del pensamiento único dominante.

Es posible entender entonces por qué a los economistas de la convertibilidad a ultranza les cuesta entender lo que está ocurriendo en el país. La devaluación con todos los problemas que suelen acompañar este tipo de medidas, que en el caso argentino se vió considerablemente complicada por la bimonetización con el dólar, tuvo el efecto dinamizador descontado. Liberó a la economía argentina del cable que la tenía atada. Suelta bruscamente la amarra, demasiado tensada por el tiempo transcurrido más allá de toda lógica, el barco empezó a navegar desordenadamente durante el primer semestre. Lo esencial que no percibieron los gurúes locales y extranjeros que efectuaban pronósticos agoreros sobre el nivel del dólar y la hiperinflación, era justamente que el barco había vuelto a navegar. Con el cambio de precios relativos la economía argentina volvió a tener un motor, y ese motor era la sustitución de importaciones y el incremento de las exportaciones. El Dr. Roberto Frenkel en un esclarecedor análisis publicado en el diario La Nación,[33] nos muestra cómo el 60% de la caída del PBI medido entre junio de 2001 y junio de 2002, se verificó en los dos últimos trimestres de 2001, o sea antes de la devaluación. El cambio de paridad aceleró ligeramente el rítmo de la caída durante el corto plazo

[32] Conesa Eduardo: *Desempleo, precios relativos y crecimiento econonómico.* Ediciones Depalma, 1996; del mismo autor: *Qué pasa en la economía argentina,* Ediciones Macchi, 2000; Curia Eduardo, *La trampa de la convertibilidad,* Ediciones realidad argentina, 1999; Lascano, Marcelo Ramón: *Reflexiones sobre la economía argentina,* Ediciones Macchi, 1996, entre otros libros críticos del modelo, de estos y otros autores.
[33] Frenkel Roberto: "Acerca de la polémica sobre el veranito", suplemento económico de *La Nación,* del 24 de noviembre de 2002.

de un trimestre. Desde este piso bajísimo se inició una tenue recuperación ya a partir del segundo trimestre de 2002, la que al acentuarse en el tercero dio lugar a la expresión errónea de "veranito". No se podía minimizar entonces lo tremendo de la situación social y el sufrimiento de las clases más bajas, pero no hay que olvidar que la miseria se venía acumulando desde hacía ya varios años. Si bien la caída de los primeros meses postdevaluación incrementó en un 10% la cantidad de desocupados, lo que sin duda se podía lamentar, no dejaba de ser una no menos triste realidad que a fines de 2001 había cerca de 3 millones de desocupados predevaluación. Y si miramos atentamente la curva que construye el Dr. Frenkel, nos damos cuenta de que de no haber ocurrido la devaluación e insistido con la política anterior, lo más probable hubiera sido que la recesión hubiese seguido una pendiente parecida en el primer trimestre para seguir luego sin variaciones durante todo el ejercicio 2002, con consecuencias sociales difíciles de imaginar.

Está claro que el nuevo paradigma macroeconómico, fundamentalmente diferente del anterior, es la base sobre la cual se puede afirmar nuestro opitimismo en cuanto a que la Argentina, más allá de una simple recuperación, está viviendo un genuino proceso de crecimiento. Sin duda el "viento de cola" o sea las condiciones internacionales favorables que rigieron en el mundo durante los dos últimos años, con un incremento de la actividad económica de todas las areas del orbe, y la merma de las tasas de interés internacionales ayudaron el proceso. Pero sería un grave error invertir el orden de los factores y poner en primer término de nuestro crecimiento a los vientos favorables de afuera y en un lejano segundo término, como tienen tendencia a hacerlo los nostálgicos de la convertibilidad, las reformas de fondo que acompañaron el proceso devaluatorio y la salida de la convertibilidad. Primero porque como lo acabamos de ver, la situación brasileña fue muy negativa durante todo 2003 y parte de 2004, compensando ampliamente las tendencias favorables del resto del mundo. Y como el Mercosur, la unión aduanera con Brasil, Paraguay y Uruguay, constituye el principal mercado de nuestras manufacturas de origen industrial, especialmente Brasil, manufacturas que llevan el mayor valor agregado de nuestras exportaciones, el freno de la recesión brasileña jugó fuertemente en contra de las favorables tendencias mundiales. Hoy día la economía brasileña se ha recuperado en base a un formidable esfuerzo exportador que le proporciona a nuestro gran vecino un superávit comercial histórico, y su dinamismo influye e influirá positivamente en el desempeño de la economía argentina. En segundo término dar la prioridad a la bonanza externa sería minimizar los efectos del nuevo paradigma macroeconómico, los cuales a nuestro entender constituyen los más sólidos pilares del crecimiento en marcha. Lo que nos queda por hacer es repasar el rol de cada uno de los principales componentes de este nuevo paradigma.

El componente esencial del nuevo sistema macroeconómico en aplicación, lo desempeña el tipo de cambio, el cual es y debe seguir siendo un tipo de cambio competitivo. Los economistas defensores de la convertibilidad consideraban irrelevante el valor de tipo de cambio, que para ellos era un dato más dentro de las variables macroeconómicas. Pero esta supuesta neutralidad demostró ser una utopía a la luz de lo acontecido desde 1998 hasta 2001 y el contraste positivo vivido con la actividad en los meses posteriores a la devaluación. En efecto quedó claro que el valor del tipo de cambio es el que fija los precios relativos que orientan la inversión y la actividad hacia los sectores más rentables. El peso estuvo artificialmente sobrevaluado con intensidad creciente de 1993 hasta 2002, mediante el artificio de la fijación del mismo en paridad con una de las monedas más sólidas del mundo. Se utilizó el endeudamiento externo para mantener en vigencia el mecanismo de la caja de conversión, y sustituir por préstamos, las divisas que se escabullían a raíz del déficit de la cuenta corriente de la balanza de pagos. Las inversiones se dirigieron al sector de los servicios que rara vez son transables internacionalmente. Los bienes transables en cambio, sufrieron la competencia de las importaciones que se beneficiaron del atraso cambiario. Su sector sufrió enormemente, y su ajuste acentuó el nivel, cada vez más elevado, de la desocupación. Al contrario después de la devaluación el cambio de precios relativos favoreció a los bienes transables, y éstos lideraron la reactivación de la economía. El superávit de la balanza comercial posterior a la devaluación alcanzó un nivel nunca visto en la historia de la economía argentina y se extendió al resultado de la balanza de pagos, que de fuertemente negativa pasó a ser fuertemente positiva. Por lo tanto lo que ocurrió en la Argentina después de que el tipo de cambio volviera a ser competitivo ha sido suficientemente elocuente como para que no se tomen las medidas necesarias para evitar una apreciación a destiempo de nuestra moneda. El Poder Ejecutivo por medio de su titular, el presidente, y también el ministro de economía fueron muy claros al respecto. El presidente del Banco Central cuyo mandato terminó a principios de octubre de 2004 tenía un claro discurso en sintonía con el ministerio de economía sobre este crucial asunto. El nuevo presidente de la institución continúa la misma línea de acción que su antecesor como lo demuestran, además de sus declaraciones, el nivel de intervención del Banco Central en octubre de 2004 para mantener la cotización del dólar.

Pero el mantenimiento de un tipo de cambio competitivo supone una delicada armonización entre las políticas monetarias y fiscales para poder contrarrestar las tendencias a la revalorización del peso. En el futuro es de esperar que se produzcan variaciones de los precios nominales en pesos, que deberían mantenerse en los mismos niveles que los conocidos en 2004, en que se piensa que la inflación mayorista terminará en el orden del 8% y la minorista del 6,5%. Estas variaciones nominales producen aumentos de costos del mismo orden, y todo aumento de costos en pesos cuando la cotización del dólar permanece sin cambio, se traduce en una reducción de la competitividad de la producción local. El aumento de la productividad es la solución para que la revaluación de la moneda se vaya efectuando sin afectar la competitividad, y sin duda es la mejor solución porque significa que el poder de compra de los salarios argentinos se va incrementando de manera genuina. Pero, como se sabe, el aumento de la productividad es muy lento, y por lo tanto, debe ser muy lenta la apreciación del peso sobre el dólar si se quiere mantener un tipo de cambio competitivo. En efecto dada la particular situación del país en donde hay todavía una enorme masa de desocupados, es necesario ser prudentes en cuanto a la recuperación del valor en dólares de los sueldos, ya que si ésta es demasiado veloz, conspirará contra la reducción de la desocupación que por algunos años deberá ser el objetivo prioritario de toda gestión económica. Siempre existe el riesgo de caer en la tentación demagógica de priorizar el valor de los salarios de los que tienen empleo por sobre la incorporación a la actividad del ejército de desocupados. Es lo que ocurre cuando se va revaluando el tipo de cambio a una velocidad mayor al del incremento de la productividad. Esto es lo que ocurrió en tiempos de la convertibilidad y la destrucción del tejido social fue el trágico resultado obtenido. Esta tentación es muy fuerte, porque en la medida en que se aprecia el tipo de cambio, el peso de la deuda sobre las cuentas del Estado se va achicando, ya que éste necesita cada vez menos pesos de superávit primario para adquirir las divisas necesarias para la atención de los servicios de la deuda. Por lo tanto la tentación es doble ya que la revaluación de la moneda permite mejorar los salarios y descomprime las cuentas del Estado a corto plazo. Pero el revés de la trama está en un cambio de precios relativos que conspira contra la incorporación de mano de obra, lo que tiene un costo alto en cuanto a la reducción de la desocupación, y en cuanto al superávit de la balanza comercial, por un mayor incremento de las importaciones sobre las exportaciones. La revaluación de la moneda por encima de la productividad precede la restricción externa por falta de divisas. Sin embargo son muchos los economistas, generalmente ex partidarios de la convertibilidad, que apoyan la revaluación. Son los que tienen una visión macroeconómica diferente a la del modelo actualmente en aplicación, y le dan más importancia a las finanzas que a la producción. Para el modelo macroeconómico en aplicación, la economía real, o sea la producción es lo esencial y las finanzas son un complemento necesario e importante pero que deben acompañar a la producción, pero nunca liderar el proceso.

Hasta ahora, a tres años de lanzado el nuevo modelo, su administración ha sido coherente con los postulados básicos del mismo. Es probablemente por esto que prácticamente a tres años de la devaluación, el traslado a los precios de la misma ha sido el más lento de todas las devaluaciones que tuvieron lugar en los países emergentes en la última década. Es por eso que el régimen de retenciones a las exportaciones, considerado como impuesto distorsivo por los economistas que defienden la lógica anterior, se mantiene sin variantes después de un lapso de tiempo considerable si se lo compara con experiencias argentinas anteriores. Existe una coherencia entre quienes propugnan la reducción progresiva y luego la eliminación de las retenciones y los que buscan la revaluación del peso, y es por eso que casi siempre son los mismos. En efecto dentro de esta lógica, una revaluación de la moneda local baja la rentabilidad de los exportadores, y por lo tanto, para estos economistas, lo correcto es eliminar el impuesto que reduce el valor de las ventas externas. En realidad la única manera de mantener un tipo de cambio competitivo, es justamente actuar sobre el tipo de cambio, y no sobre las retenciones para mantener la rentabilidad de los productores de bienes primarios. En la Argentina existe por distintas causas, algunas ligadas a la dotación de factores y otras que responden a distintos orígenes, una diferencia de productividad grande entre las producciones primarias y la mayoría de las producciones manufactureras. El Dr. Marcelo Diamand,[34] explicó hace décadas de que si el tipo de cambio de equilibrio retenido es el que permite una magra rentabilidad de los productos primarios, la mayoría de las manufacturas estarán desprotegidas y sucumbirán frente a las importaciones. Es por otra parte lo que pasó en los once años de la convertibilidad. Como la única manera de ser un país integrado que da trabajo a toda su población consiste en tener una economía diversificada que dé amplia cabida a la manufactura, como el país lo aprendió duramente la década pasada, está claro que será muy difícil eliminar las retenciones en el corto y hasta el mediano plazo. Las retenciones actúan por otra parte como incentivo para la industrialización de muchas materias primas que se venden en el exterior a un décimo del valor al que se podrían vender las mismas materias procesadas. Notemos que le pasa a la Argentina lo mismo que a los países más desarrollados, en donde también existe un sector más productivo. La diferencia entre la Argentina y el primer mundo, es que allí, los productos mucho más competitivos son los industriales y

---

[34] Diamand Marcelo: *Doctrinas económicas, desarrollo e independencia*, Editorial Paidós, 1973.

los que sufren son los primarios, esencialmente los agropecuarios. En el primer mundo, para reducir esta distorsiva diferencia de productividades e integrar las producciones nacionales, se utiliza el subsidio a los bienes del campo. Ésto equivale a trasladar recursos de los productos industriales y de los servicios a las actividades agropecuarias una especie de retención local al revés. Soy consciente que este razonamiento no le gustará a mucha gente, pero estoy convencido de que la manera en que se logre armonizar políticamente con los sectores involucrados la administración de las retenciones a las exportaciones primarias, es una de las bases del crecimiento sostenido del país.

El segundo componente básico del nuevo paradigma macroeconómico consiste en la existencia de una moneda única correctamente administrada. En el momento en que el gobierno decidió salir de la convertibilidad, dos monedas coexistían en el país, ambas con la misma capacidad liberatoria legal. Iguales ante la ley, estas dos monedas tenían una gran diferencia para el mercado financiero. El peso, la moneda nacional, podía ser administrada por el Banco Central en lo que respecta a su cantidad. Esto se debe al poder de emisión que es la potesdad de todos los Bancos Centrales del planeta, con excepción de los que se someten a la regla de la convertibilidad o caja de conversión que son una minoría de países pequeños, con una única excepción importante, la de Hong Kong. De hecho, en los últimos meses de la convertibilidad, es lo que ocurrió. El Banco Central, ya en 2001, evitó la debacle bancaria adelantando unos 10.000 millones de pesos en el segundo semestre a los bancos sometidos a una feroz corrida por falta de confianza de los depositantes. Ésta se dirigía tanto a las instituciones financieras como al mecanismo de la convertibilidad en sí. En el primer semestre de 2002, después de la devaluación, los adelantos alcanzaron la misma cifra por la falta de confianza generada entonces por el corralito. En ambas ocasiones, en 2001 como en 2002, el Banco Central cumplió su rol de prestamista de última instancia que da credibilidad al sistema bancario. Pero la única moneda que el Banco Central puede emitir dentro de los límites que fija su carta orgánica, es la moneda nacional, en el caso de la argentina, el peso. Las leyes vigentes en tiempo de la convertibilidad podían equiparar el dólar al peso en cuanto a su poder liberatorio. Lo que no podía hacer el Banco Central, era emitir dólares porque esta es una prerrogativa de la Reserva Federal de los Estados Unidos, pero no del Banco Central de la República Argentina. Ante la gran demanda de dólares lo único que podía hacer era vender sus reservas o suspender el mercado de cambio para lo que no fueran transacciones comerciales, cosa que ocurrió con el corralito. Quedó claro que la bimonetización, hija de la convertibilidad local, se transformó en el mayor factor de rigidez del sistema y lo que parecía una fortaleza demostró ser su talón de Aquiles. Quedó demostrado que una moneda nacional, como existe en los países normales del mundo, es uno de los requisitos básicos para poder administrar una política monetaria compatible con el desarrollo. Es lo que ocurrió. Ya hemos visto como se pudieron salvar la mayoría de los bancos. Actualmente existe en la Argentina un sistema financiero que está restañando sus heridas, después de dos años de fuertes pérdidas a pesar de la intervención del Estado. Éste tuvo que suplir la falencia del sector privado para devolver los depósitos en las condiciones previstas por la Justicia. En el tercer trimestre de 2004 la mayoría de los bancos tuvieron utilidades y, desde un nivel muy bajo, el crédito se expande con una tendencia a la aceleración hacia el final del año. La monetización de la economía representa alrededor del 25% del PBI, un nivel bajo para los países desarrollados, pero que se encuentra bastante cerca de lo que fue en tiempos de la convertibilidad. Lo que si es particular, es la gran proporción de dinero en las cuentas corrientes a la vista y las cajas de ahorro, que con los billetes en circulación representan el 60% de la masa monetaria amplia. Los depósitos a plazo, solo alcanzan al 40% del total, y en plazos cortos, si bien con tendencia a alargarse por el uso de la indexación sobre el costo de vida. Con un nivel de crédito todavía muy bajo, la economía argentina funciona con una masa de dinero a la vista muy elevado. Lo importante es que el Banco Central que proveyó esta liquidez lo hizo contra la compra de dólares del excedente de la balanza comercial y por lo tanto, cada peso emitido respondió a los dos criterios de la buena administración monetaria: fue emitido para el sector privado y no para el Estado, y fue emitido contra la compra de dólares que llevaron las reservas de divisas del Banco Central hasta los 18.500 millones de dólares que cubren prácticamente la totalidad de la base monetaria. Lo que es fundamental y fue logrado, es limitar al máximo los adelantos del Banco Central al Estado, que fueron el origen de los procesos inflacionarios que tanto daño le hicieron al país y al valor del peso. Existe un Banco Central en manos profesionales, con una experiencia de tres años manejando la política monetaria con tres exigencias que son a veces difíciles de compatibilizar: proveer la liquidez suficiente para agilizar los negocios; evitar convalidar un incremento de los precios por encima de la pauta de inflación prevista; e intervenir en el mercado cambiario para adquirir las divisas sobrantes del excedente comercial para evitar una revaluación del peso. Hasta ahora, a pesar de la gran incertidumbre en cuanto a la refinanciación de la deuda, la triple meta fue cumplida de manera sobresaliente. A fines de octubre de 2004 las perspectivas de salida del default eran mucho más positivas que hace algunos meses atrás y existían posibilidades de que ésta se produjera en los primeros meses de 2005. Los problemas técnicos que afectaron al canje de deuda a fines de noviembre de 2004, y que provocaron la desvinculación del Bank of New York de la operación, obligará a postergar el canje, probablemente por varios meses. Cuando finalmente éste se concrete los desafíos que enfrentará el Banco Central serán de otro tipo, pero se puede afirmar que lo más difícil ha sido hecho. Por eso se puede confiar que la política monetaria seguirá manejada con la misma profesionalidad y eficiencia que hasta ahora, un dato importante para apoyar el optimismo sobre la continuidad del proceso de crecimiento económico. En efecto el Banco Central cumple su rol fundamental que consiste en velar por el mejor financiamiento posible del sector privado, creador de riqueza, para que sea este sector mediante el pago de los impuestos, el que financie el gasto público. De esta forma, se eliminan o se limitan a casos excepcionales los adelantos del Banco Central al Estado, que fueron el origen de los procesos inflacionarios que tanto daño le hicieron al país y al valor del peso.

Es por eso que la política fiscal es tan importante como la política monetaria, ya que una y otra constituyen las dos herramientas fundamentales de la regulación macroeconómica. Actúan sobre el nivel del tipo de cambio de equilibrio de largo plazo, así como sobre el nivel de actividad, por ende del empleo; también sobre el nivel de los precios. Por otra parte actúan una sobre otra, por lo que se puede decir que se trata de los dos brazos de la pinza que sujeta la política macroeconómica del país. Una buena política monetaria provee la liquidez adecuada a los agentes económicos, lo que lleva la tasa de interés a un nivel bajo. Con una liquidez correcta, y tasas de interés accesibles, el sector privado puede crecer. Esto le ayuda a pagar más puntualmente sus impuestos, incrementados por su mayor actividad, lo que contribuye así al equilibrio fiscal. Es lo que se ha logrado, aún cuando el sistema financiero está todavía en su fase de reconstrucción. Ya hemos visto el espectacular incremento de la recaudación fiscal que se debió a la recuperación económica; a la automaticidad de la recaudación de los nuevos impuestos como el impuesto al cheque y las retenciones; a normas más claras en cuanto a los precios de transferencia de las empresas transnacionales, y a la determinación de oficio del valor de los commodities exportados en base al mercado más significativo de cada uno de ellos; a mayores controles sobre los pequeños contribuyentes; a la facilidad que provee la inscripción y el pago de los tributos por un sistema electrónico vía Internet muy bien diseñado; y sin duda a un cambio en la mentalidad general que ha llevado a que la mayoría de los agentes económicos le den una nueva prioridad al cumplimiento de sus obligaciones fiscales. La evasión continúa, pero en un nivel más bajo, y si la AFIP sigue con la política actual, la transgresión seguirá disminuyendo. Lo concreto es que la recaudación fiscal superó año tras año las metas previstas. En septiembre de 2004 se recaudaron 9713 millones de pesos y los gastos primarios –sin intereses– fueron de 8.326 millones de pesos lo que dejó un superávit primario de 1.385 millones de pesos. En los nueve primeros meses del año 2004, el excedente primario es de alrededor de 17.000 millones de pesos, y tomando en cuenta los mayores gastos de fin de año se estima un superávit primario del orden de los 18.000 millones de pesos –unos 6.000 millones de dólares– para todo el ejercicio. Esta cifra representaría un 4,5% del PBI. Como la atención de la deuda externa equivale a un 3% del PBI, los recursos sobrantes están disponibles para proyectos de inversión o para mejorar la política social. A este excedente de las cuentas de la Nación, hay que agregar un buen desempeño de las cuentas provinciales que en su conjunto ostentaban un superávit del orden del 0,7% del PBI a fines de junio. El segundo semestre será más difícil para las provincias y es probable que el resultado final se mantenga en la cifra alcanzada a fines del primer semestre, la que no dejaría de ser significativa. Hay que destacar al respecto que la Nación tiene un programa de financiamiento ordenado (PFO) con las provincias por el cual les refinancia sus deudas financieras a condición de que las provincias cumplan con ciertas normas de eficiencia fiscal y que a partir de 2005, adhieran a la ley de responsabilidad fiscal que institucionaliza estas normas de buena gestión. Mientras tanto sigue en vigencia el viejo sistema de la coparticipación federal y sigue sin dictarse la nueva ley sobre la materia que preveía la Constitución de 1994. El no cumplimiento de una exigencia constitucional es sin duda lamentable, pero hay que reconocer que en la realidad, los distintos acuerdos firmados entre el gobierno nacional y las provincias para remendar el sistema de coparticipación federal ha logrado una distribución razonable de recursos, si bien mediante un sistema sumamente complejo. En un libro muy bien documentado y claro sobre la materia, se dice taxativamente:

> Así, la crítica de falta de razonabilidad en la distribución secundaria se modera en gran medida al adoptar una visión integral de las transferencias hacia los gobiernos subnacionales. Podría decirse que el sistema político ha compensado, al menos en forma parcial, una discrecionalidad original con nuevas discrecionalidades. En otras palabras, puede ser complejo pero no irracional.[35]

La política fiscal tanto nacional como provincial ha conocido una evolución positiva en los últimos dos años y medio que merece ser destacada. Existe en los más

[35] Lousteau Martín: *Hacia un federalismo solidario*, Temas Grupo Editorial, 2003, p. 159.

altos niveles del Poder Ejecutivo una clara visión de que, dada la situación del país, el superávit fiscal es una necesidad. Los legisladores oficialistas actúan de tal manera de que se puede legítimamente pensar que comparten el punto de vista del Poder Ejecutivo. Como la oposición tiene en su mayoría un discurso económico conservador, el equilibrio de las cuentas fiscales cuenta en la Argentina, en la actualidad, con un consenso difícil de encontrar en las décadas anteriores. Están por lo tanto reunidas las condiciones para que se lleve adelante en los próximos años una política fiscal seria que garantizará la estabilidad de la moneda. Esto debería ayudar a incrementar la confianza en el peso que se podrá transformar en un moneda fiable que, además de su rol en las transacciones, desempeñe el fundamental papel de reserva de valor. Esa sensatez fiscal recuperada y que parece arraigar en el conjunto de la sociedad, probablemente como una benéfica consecuencia del dramático traumatismo vivido con la crisis, es otro elemento que alimenta la visión optimista sobre un crecimiento sostenido de la economía argentina.

El otro aspecto del cual depende un crecimiento sostenido es el de la renegociación de la deuda externa. Ya hemos visto antes que la mitad de la deuda nacional, la contraída con los organismos de crédito multilaterales y con los acreedores locales y los bancos locales que adhirieron al préstamo garantizado, así como todos los bonos emitidos después del default estaban al día. El default abarca aproximadamente la mitad de la deuda consistente en bonos emitidos en distintas monedas y plazas del mundo. El ofrecimiento de refinanciamiento mezcla una quita de capital para la mayoría de los bonos, una rebaja de interés, mayor para los bonos sin quita y menor para los bonos con quita, y un fuerte alargamiento de los plazos de pago. El conjunto de estos tres factores proporciona un valor presente neto que varió entre un 25% cuando se presentó la propuesta original en Dubai en octubre de 2003 a un 30% en la actualidad, debido a la reducción de las tasas de interés internacionales, y a la mejora del riesgo de los países emergentes. Todo el complejo entramado de presentaciones ante el organismo de control de los mercados de valores de los Estados Unidos y de los demás países donde se emitieron los títulos de la deuda se estaba terminando en octubre de 2004 y se iba a presentar en esta fecha. El período de suscripción de los bonos se preveía que se extendería hasta fines de 2004. Existen perspectivas más favorables de un nivel de aceptación considerado suficiente para dar por concluida la salida del default, pero falta que se expidan los mercados de capitales de los distintos países donde se emitieron los bonos. Los problemas técnicos ya mencionados prorrogarán los plazos y alargarán el período de incertidumbre. Dada la dinámica del proceso no creo que esto afecte mayormente el desenvolvimiento de la economía argentina. Cuando se concrete el canje, una aceptación mediocre no significaría el fin del mundo, pero podría complicar la evolución futura de la economía argentina, aunque en estos tres últimos años quedó demostrado que, dada la estructura productiva de nuestro país era factible vivir con poca inserción en los mercados de capitales. Una aceptación considerada satisfactoria facilitaría la creación de expectativas favorables que movilizarían la inversión tanto interna como externa, lo que tendería a incrementar el ritmo de la actividad económica. Ya hemos señalado que una excesiva euforia y un ingreso fuerte de capitales puede tener un efecto negativo al provocar una prematura revaluación de la moneda que quitaría fuerza al principal motor del crecimiento el tipo de cambio competitivo. Esta hipótesis ya fue analizada por el gobierno que adelantó su intención de implementar mecanismos fiscales tendientes a disuadir un ingreso exagerado de capitales especulativos, que son los que suelen distorsionar el mercado financiero y la paridad cambiaria. La refinanciación de la deuda debe ser vista, por lo tanto, como un paso sumamente positivo en la normalización de la situación del país con los mercados financieros mundiales y un punto a favor de un crecimiento sostenido. Es necesario destacar la coherencia que mantuvieron los negociadores durante los largos años de tramitación y alabar la elección de una propuesta dura, que contemplara tanto las necesidades de los acreedores como las de la inmensa deuda social interna. En todo momento se defendió una oferta realista y sostenible aunque exigente por el tiempo durante el cual deberá ser sostenido un esfuerzo severo. Se descartó la solución de facilidad que consistía en hacer un ofrecimiento más amplio e incumplible con la idea de volver a los mercados financieros para reiniciar la ronda infernal de pagar con nueva deuda, hasta llegar a un nuevo default. Esta renuncia a la financiación internacional del Estado argentino es lo que permitió mantener con paciencia la oferta y dar vuelta a lo que ocurre generalmente cuando un país quiere salir de un default. En efecto, en la mayoría de los casos, es el deudor que necesita volver cuanto antes a los mercados internacionales el que está apurado y los acreedores hacen gala de paciencia. En el caso argentino, al romper con esta lógica, el gobierno consiguió traspasar la impaciencia al campo de los acreedores, lo que junto con lo razonable de la propuesta y los cambios favorables en el mercado mundial deberían ayudar a encontrar una solución definitiva. Es por eso que el rigor y el realismo de la propuesta actual, alejan por lo menos en el mediano plazo, el riesgo de un retorno del Estado a los mercados de capitales. Esta práctica debe ser desterrada porque ha sido demostrado que sus inconvenientes superan con creces a sus beneficios. Al contrario, el mercado internacional de capitales es importante para el sector privado y la solución del default, cuando sea efectiva, le facilitará sus programas de inversión con un impacto positivo en el crecimiento nacional.

Del buen desempeño de los requerimientos para el crecimiento que acabamos de repasar depende el correcto nivel de las inversiones. Éstas son esenciales para sostener la acumulación de capital que es la que en definitiva permite incrementar el volumen de la producción y la cantidad de puestos de trabajo. La inversión que se derrumbó en 2002, se recuperó en 2003, y en 2004 estará en el promedio del año en un 18% del PBI que es la cifra promedio de la década de la convertibilidad. Pero el ritmo de la inversión sigue creciendo trimestre tras trimestre y en el último trimestre de 2004, estará en cerca de 20% del PBI, una cifra que de mantenerse aseguraría un elevado índice de crecimiento de la economía. Estos resultados contrastan con las visiones negativas de los analistas que estimaban que después de la devaluación y las modificaciones contractuales que se tuvieron que efectuar para amortiguar algunos efectos nocivos de la misma, no existía suficiente seguridad jurídica en la Argentina para atraer inversiones. Lo que ocurre es que en primer termino cuando existen fuertes rentabilidades las inversiones son menos sensibles a la seguridad jurídica. En segundo término que la devaluación fue el resultado de una serie de errores que se acumularon durante varios años. Estos hicieron inevitable el ajuste cambiario el cual modificó las relaciones contractuales de todos los ciudadanos por igual. El argumento empleado por la Procuración general de la Nación en los juicios arbitrales que se desarrollan en París en el ámbito del CIADI, el tribunal arbitral del Banco Mundial, a pedido de varias empresas multinacionales que se consideraron defraudadas por la devaluación, es exactamente éste. La devaluación fue una imposición de la realidad que afectó a todos los agentes económicos en general y quiénes se sintieron muy perjudicados generalmente habían sido particularmente favorecidos por la paridad cambiaria anterior. A la inversa quienes iban a quebrar con la paridad anterior se vieron favorecidos por la devaluación y recuperaron rentabilidad. Estas transferencias de ingresos que acompañan los cambios macroeconómicos son traumáticas, y siempre son interpretadas como agresiones por quienes salen perjudicados, más allá de las ganancias acumuladas anteriormente. Pero una vez superada la emergencia, las leyes volvieron a regir para todos y por lo tanto no es cierto que actualmente exista inseguridad jurídica en la Argentina. Este clima favorable para las inversiones, que debería verse beneficiado por la probable reestructuración de la deuda externa es otro argumento favorable para apostar a un crecimiento sostenido de nuestro país.

El último punto que influye sobre un pronóstico de crecimiento, es el panorama que presenta el comercio exterior. Una balanza comercial fuertemente positiva es una necesidad básica para apostar al crecimiento de un país que ha renunciado al financiamiento externo de su Estado y tendrá que cancelar, todos los años, un fuerte pasivo en divisas aún después de la reestructuración. En 2002, el superávit de 17.000 millones de dólares fue superlativo, así como el de 2003 con 16.400 millones de la misma moneda. A fines del primer semestre de 2004, el superávit de cerca de 7.000 millones de dólares parecía indicar que este año se iba a repetir una cifra similar, pero el fuerte incremento de las importaciones en el tercer trimestre permiten prever una merma del superávit. Éste se situará en alrededor de los 12.000 millones de dólares, una cifra todavía considerable pero de la que no podrá bajar mucho en los años siguientes, si el país quiere atender con divisas genuinas del balance comercial, todos sus compromisos externos. En lo que respecta a las exportaciones, estas disminuyeron un 3% en 2002, pero saltaron un 15% sobre 2002 y un 11% sobre 2001 en el año 2003, y si como se prevé, alcanzan los 33.000 millones de dólares en 2004, habrán aumentado un 12% este año. En 2005 los precios de la soja serán más bajos pero deberían ser compensados por el incremento de las exportaciones a Brasil, cuya economía ha reaccionado muy favorablemente, y por el incremento de los volúmenes de exportaciones de carnes y leche. Se puede prever un aumento de un 10% de las exportaciones lo que las llevaría a 36.000 millones de dólares. En cuanto a las importaciones, muy probablemente, mostrarán un incremento de un 70% en 2004. Éste se deberá tanto al aumento del consumo como de las inversiones en bienes de capital, que crecieron nada menos que un 148% en los ochos primeros meses, y es muy probable que su incremento será acotado en 2005. En efecto en 2004 alcanzarán el volumen que tuvieron en el 2000 y es difícil pensar que puedan aumentar más de un 20% lo que las llevaría hasta 26.000 millones de dólares en 2005. Esta cifra de importaciones aseguraría un superávit comercial de 10.000 millones. De cumplirse este pronóstico el frente externo seguiría respondiendo a las expectativas y ayudaría a la obtención de un buen crecimiento. Es posible que los esfuerzos de la fundación Export-ar que llevó a exportadores nacionales en cerca de 60 ferias internacionales este año, y las perspectivas promisarias de nuevos mercados asiáticos puedan mejorar estas perspectivas. El mantenimiento de una política educativa tendiente a erradicar la deserción escolar y mejorar la calidad de la enseñanza en todos los niveles, y el incentivo de la I + D (inversión en Investigación y Desarrollo) en los términos planteados por Arturo Prins, son fundamentales tanto para mejorar las performances en el comercio exterior, como para aumentar la productividad interna y consolidar el desarrollo.

El gobierno, acabamos de verlo, administra eficientemente la política monetaria y la política fiscal, para obtener lo que el Dr. Roberto Frenkel llama un tipo de cambio real competitivo y estable (Terce)[36] sin que se vea afectada la meta de mantener una inflación de un solo dígito. Este tipo de cambio real competitivo asegura un superávit de la balanza comercial por incremento de las exportaciones y sustitución de las importaciones. Esto asegura la provisión de divisas genuinas para atender los abultados compromisos externos. La actividad económica se debería desarrollar en los próximos años dentro de los mismos parámetros actuales con los ajustes que surjan de los cambios que puedan ocurrir en el mundo y en la dotación de factores locales. La desocupación debería seguir reduciéndose, probablemente no al ritmo deseado, pero la masa salarial debería crecer impulsando el consumo interno y la inversión. La muy probable refinanciación de la deuda externa en default en las condiciones propuestas por las autoridades que son compatibles con un crecimiento sostenido, impulsaría la inversión que sostendría el proceso. A esta altura de nuestro razonamiento podemos concluir que la crisis de 2001 y principios de 2002 fue resuelta de tal manera que el cambio de precios relativos actuó como motor de la recuperación, que se transformó en crecimiento por el entorno de medidas de acompañamiento que fueron adoptadas. A las apuradas en los primeros momentos, y con más discernimiento y profundidad luego, pero lo importante es que el nuevo marco macroeconómico está sostenido por un sólido andamiaje.

El Dr. Juan Llach,[37] un economista que escribió, en 1997, un muy buen libro en defensa de la convertibilidad,

---

[36] Frenkel Roberto: "Siguiendo el modelo de la Fed", Suplemento económico de *La Nación*, del 24 de octubre de 2004.
[37] Llach Juan: *Otro siglo, otra Argentina*, Cia. Editora Espasa Calpe Argentina/Ariel, 1997.

aunque demasiado optimista, y que apoyó el mecanismo hasta el final, reconoce que la Argentina crecerá en el 2005. Por supuesto atribuye gran parte del mérito a la situación internacional pero admite los logros obtenidos:

> Dada la situación internacional, la Argentina tendría que hacer un gran esfuerzo para no crecer. Se espera un crecimiento para los países emergentes de 6,6% para este año... Detrás del discurso heterodoxo de Roberto Lavagna y Néstor Kirchner hay un corazón ortodoxo, basado en un plan de equilibrio fiscal, un régimen monetario claro y una economía abierta con baja inflación... Si se mantiene este esquema, la Argentina podrá evitar las crisis económicas que atraviesa cada 5 años. El PBI crecerá 8% en 2004 y en 2005 lo hará 5% o más.[38]

Desde una posición ideológica distinta, la revista de FIDE, dirigida por el Dr. Hector Valle, que fue uno de los primeros economistas en cuestionar las distorsiones de la convertibilidad, ya en la primera mitad de los noventa, y con la prudencia que ha caracterizado a su director desde que el país salió de la convertibilidad, tiene una visión moderadamente optimista:

> No debería sorprendernos si la economía alcanza el año próximo, otra vez, metas superiores a las divulgadas en el Presupuesto que se envió al Congreso de la Nación y que fueron convalidadas en la prospectiva del FMI.[39]

---

[38] Llach Juan: "Reproducción parcial de una conferencia en la Universidad Austral", *Ambito financiero* 21/10/2004.
[39] FIDE (Fundación de Investigaciones para el Desarrollo), *Informe económico mensual*, No. 185, octubre 2004.

Cerraremos estos pronósticos, reproduciendo el que hizo al diario *El Economista* el Dr. Flores Vidal miembro del estudio del Dr.Julio Pierkarz conocido por su ortodoxia:

> Un crecimiento de 4,5% no es mediocre en un país en desarrollo... En la Argentina hay recursos ociosos, hay mano de obra desocupada, hay capital, hay productividad, "entonces no entiendo por qué dicen que esto va a ser un crecimiento mediocre si tenemos todo".[40]

Hemos querido apoyar nuestro razonamiento sobre los testimonios de economistas de distintos sectores. Estos parecen coincidir en que por lo menos en 2005, por tercer año consecutivo, después de la crisis de la salida de la convertibilidad que pareció para muchos como terminal, la economía argentina seguirá creciendo. Personalmente tiendo a creer, que la sociedad argentina ha asimilado dolorosamente las dos experiencias extremas de la hiperinflación y de la hiperestabilidad. Está dispuesta a apoyar una experiencia de capitalismo administrado con apertura económica, tipo de cambio competitivo e inflación baja como la que se está llevando a cabo. En Chile la crisis que asedió el país entre 1979 y 1982, en que la desocupación llegó al 30%, impulsó la devaluación y una política inteligente de inserción en el mundo defendiendo el trabajo chileno. Esto permitió el inicio de una era de expansión sin precedentes que ya lleva 21 años. Pienso que lo que está ocurriendo en la Argentina es una experiencia similar a la vivida por Chile desde hace dos décadas, con las lógicas diferencias provenientes de distintas dotaciones de factores y de los rasgos culturales propios a cada uno de nuestro países.

---

[40] Vidal Flores: Testimonio reproducido por *El Economista*, del 15 de octubre de 2004, p. 5.

CAPÍTULO 10

EL DESAFÍO DE LA INSERCIÓN EN EL MUNDO

Cuando la Argentina tuvo que devaluar, en enero de 2002, después de haber declarado el default sobre aproximadamente la mitad de su deuda externa, los representantes del establishment consideraron que el país se había "caído del mundo". En realidad nada de eso ocurrió. Por supuesto hubo tensiones con los acreedores e inversores, pero la Argentina siguió comerciando con el resto del mundo, siguió siendo socia de todos los organismos internacionales de los cuales siempre participó –entre ellos el FMI– y mantuvo importantes contingentes de sus tropas integrados a las fuerzas de la paz de las Naciones Unidas. Estaba claro para la diplomacia de los principales países del mundo que lo que sucedía en la Argentina no respondía a una voluntad deliberada de no cumplir con los compromisos asumidos. Era la simple manifestación de la realidad que se impuso cuando una economía orientada, por malas políticas a vivir de prestado, tuvo que valerse por sí misma. La ficción dejó su lugar a la realidad en el momento en que los acreedores se asustaron por la magnitud de la deuda acumulada y dejaron de prestar. Los problemas de fondo, hasta el día en que salieron a la luz, eran disimulados por la liquidez artificial que proporcionaba el recurso a los mercados financieros. Permitió diferir durante demasiado tiempo el tomar conciencia de la realidad, la cual irrumpió de golpe.

La principal reacción, como era lógico, surgió de los acreedores externos que vieron sus créditos impagos, y del FMI. Éste a pesar de no haber sido incluido en el default temió por la suerte de los fondos abundantes que había prestado a la Argentina durante la vigencia de la convertibilidad. Las empresas privatizadas cuyas tarifas fueron pesificadas y congeladas movilizaron todos sus recursos para presionar al gobierno argentino directamente o por la vía de sus respectivos Estados. Éstos actuaron en forma directa sobre el gobierno argentino o indirecta presionando en el directorio del FMI.

La relación con el FMI post crisis resumió entonces todos los focos de conflictos que la crisis abrió con el mundo occidental. La primera reacción del organismo fue negativa. Envió a la Argentina a su jefe del área occidental, el indio Anoop Singh, que presionó al débil gobierno de Eduardo Duhalde sin ninguna contemplación. Es cierto que el Fondo había jugado la carta de la convertibilidad hasta el final, y arriesgado 5.000 millones de dólares en el mes de agosto. Fue un préstamo extraordinario que sólo sirvió para financiar la fuga de capitales que, ya a esta altura del año 2001, se presentaba como incontrolable. El monto total del importe arriesgado por el FMI en la Argentina se aproximaba a los 20.000 millones de dólares a principios de 2002 y colocaba en una posición incómoda al directorio de la institución, lo que puede explicar, si bien no justificar, la impiadosa actitud que adoptó con nuestro país. Además de exigir pagos de capital cuando se produjeron vencimientos aún en los peores meses de la crisis −actuando contracíclicamente y agravando la crisis cambiaria en contra de sus estatutos− el FMI, conciente o inconcientemente, se dedicó a agravar las consecuencias de la devaluación. Exigió la flotación limpia del peso, sin intervención del Banco Central. Se opuso a la pesificación y congelación de las tarifas de los servicios públicos privatizados, a la instauración de las retenciones a las exportaciones de bienes primarios y de petróleo, y exigió que el Estado argentino se hiciese cargo íntegramente de la brecha que había provocado al sistema financiero la pesificación asimétrica. Estas exigencias, de haber sido acatadas, hubieran potenciado la devaluación y justificado las agoreras predicciones de un dólar a 10 pesos y de una hiperinflación incontrolable. Éstas eran desgranadas al unísono por los técnicos del fondo y los economistas afines al esquema de la convertibilidad. Por suerte, el equipo económico presidido por el Dr. Jorge Remes Lenicov que estaba acompañado por el Dr. Jorge Todesca como viceministro, supo convencer al presidente Duhalde de que había que aplicar la política diseñada sin tener en cuenta las recomendaciones del organismo. Sí recomendó cumplir, de ser posible al pie de la letra, todas las exigencias formales reclamadas por el FMI. Entre ellas se encontraban la modificación de la ley de Subversión económica que tenía algunos aspectos imprecisos que asustaban a los banqueros y la adopción por parte de las provincias de un compromiso de reducción de sus déficits. Gracias a esto, se estableció una flotación sucia del tipo de cambio en febrero de 2002 que limitó a 4 el valor máximo del peso, y permitió terminar 2002 con un tipo de cambio de 3,37 gracias al fuerte ingreso de las divisas del excelente superávit comercial. Las retenciones, la pesificación y congelación de las tarifas contuvieron la translación de la devaluación a los precios. Permitieron que a cerca de tres años de ocurrido el hecho, el traslado a los precios de la devaluación sea la menor en comparación con los de todas las devaluaciones ocurridas en los mercados emergentes en la última década. A fines de abril de 2002, se produjo el cambio de ministro de economía. El Dr. Roberto Lavagna, un crítico acérrimo de la convertibilidad y del rol nefasto desempeñado por el Fondo en el mantenimiento de un esquema económico tan dañino, adoptó una política confrontativa sutil pero firme. Amortizó los vencimientos que exigía el organismo, pero aplicó la política que convenía al país y, cuando se produjo la recuperación, hizo notar que ésta era fruto de la política a la cual se había opuesto el organismo. Las relaciones se tensaron pero nunca se rompieron, porque la Argentina, como correspondía a su condición de socia del organismo, no lo incorporó al default. También fue demostrando que los indicadores de las reservas, de la circulación monetaria y de la actividad respondían exactamente a las previsiones establecidas por el Palacio de Hacienda y se alejaban de manera abismal de las apocalípticas elaboradas por los técnicos del Fondo.

A todo esto, se había desencadenado una corriente de pensamiento que enjuiciaba el Consenso de Washington, el mecanismo de la convertibilidad y el apoyo irrestricto que el Fondo había dado a la misma. Ya en octubre de 2001, el ex economista jefe del Banco Interamericano de Desarrollo, Ricardo Haussman había publicado en el *Financial Times* un artículo que fue traducido por el diario local *El Cronista*. En él vertía su opinión de que la deuda argentina era impagable en dólares y sugería pesificarla a la tasa de uno a uno e indexarla sobre el costo de vida argentino.[41] La posición de Haussman extendía al ámbito externo, la solución de la pesificación que había sido explicada por dos académicos argentinos, en sendos libros publicados en el año 1999 y 2000 respectivamente por el Dr. Eduardo Curia,[42] y el Dr.

[41] Haussman Ricardo: "Una salida para la Argentina", *El Cronista*, 30 de octubre de 2001.
[42] Curia Eduardo: *La trampa de la convertibilidad*, Ediciones Realidad Argentina, diciembre de 1999.

Eduardo Conesa.[43] Esta opinión crítica se multiplicó despúes del default y la devaluación. Economistas de la talla del premio Nobel de economía Joseph Stiglitz, de Paul Krugman, del italiano Stefano Zamagni y del francés Pierre Salama, entre otros, hicieron escuchar su voz disidente sobre el Consenso de Washington y las políticas del Fondo. Dentro del mismo organismo una lucha interna se desencadenó y se creó una Oficina de Evaluación Interna (OEI). Desde principios de 2003 ésta estudió el caso argentino y publicó sus conclusiones a principios de 2004. Éstas son diplomáticas y si insisten en la culpabilidad del gobierno argentino en la crisis de fines de 2001, reconocen que el FMI apoyó de manera imprudente y durante demasiado tiempo un esquema que no tenía futuro. Un importante ex funcionario del FMI Michael Mussa, en un libro escrito en 2002, y refiriéndose al último préstamo de 5.000 millones de agosto de 2001, dijo con toda claridad:

> Observando los hechos, una amplia gama de analistas no pertenecientes al Fondo (y varios del Fondo) –muchas veces con puntos de vista divergentes en varios asuntos– concluyeron palmariamente que el partido se había terminado para la Argentina.[44]

Los diarios del mundo, que habían sido muy duros con la Argentina al principio de la crisis, empezaron a recoger estas opiniones críticas y los juicios sobre la Argentina se hicieron cada vez más matizados. Mientras tanto, se firmaba un primer acuerdo provisorio con

[43] Conesa Eduardo: *Que pasa en la economía argentina*, Ediciones Macchi, mayo de 2000.
[44] Mussa Michael: *Argentina y el FMI, del triunfo a la tragedia*, p. 70, World Publications/Grupo Editorial Planeta, 2002, traducido del título original: *Argentina and the Fund: From triumph to tragedy*.

el Fondo a fines de 2002. Luego de las elecciones de abril de 2003 y el cambio de gobierno, el Dr. Kirchner respaldó con todavía más vigor al ministro Lavagna. Lo concreto es que la recuperación económica y el peso de la realidad se impusieron. Luego de una visita al país del presidente del Fondo, entonces Hoerst Khoëler, se firmó, a fines de 2003, otro acuerdo, por un plazo de 3 años esta vez. Contemplaba la mayor parte de las aspiraciones argentinas. Este acuerdo estuvo en vigencia hasta agosto de 2004, en que se suspendió provisoriamente hasta fin de año. Se trataba de evitar que el FMI interfiriera en la delicada operación de presentación del canje de la deuda en default en los mercados financieros. En definitiva, se puede decir que la relación entre nuestro país y el FMI terminó en un empate. La Argentina mantuvo al día su relación con el organismo, pagando los intereses y una parte significativa de los vencimientos de capital. El organismo renunció a imponer la mayoría de las reformas que preconizaba y aceptó los lineamientos de la política económica puesta en práctica por nuestro gobierno. Lo concreto es que la crisis tensionó pero no fracturó la relación con los organismos de crédito internacionales, y la Argentina es en noviembre de 2004, a casi tres años de la salida de la convertibilidad un miembro pleno de los organismo de créditos multilaterales.

El otro motivo de conflicto con el mundo fue el default de la deuda con los acreedores privados por un monto de 82.000 millones de dólares. Esta enorme deuda era el producido de alrededor de 152 emisiones de bonos efectuadas en 8 monedas y otras tantas legislaciones distintas. Los tomadores originales fueron principalmente fondos de inversión o bancos que conservaban los bonos argentinos, que pagaban un interés muy superior al de los países centrales, o los cedían a sus clientes minoristas. Durante el año 2001, y a raíz de la fuga de capitales que se producía en la Argentina, los bancos se deshicieron de sus bonos. Los colocaron entre su clientela minorista, a la cual no se le explicó, con suficiente claridad, en la mayoría de los casos, los riesgos que pesaban sobre estos papeles. Este fenómeno fue particularmente importante en Italia, donde en el momento del default existían unos 450.000 tenedores minoristas. En menor medida, el fenómeno se dio en Alemania y Japón y con mucho menos intensidad en otros países. Durante el año 2002, el Ministerio de Economía agobiado por el conjunto de problemas y medidas compensatorias que acompañaron a la devaluación, se ocupó poco del problema de los bonistas. La confirmación de la recuperación económica permitió calcular la porción del superávit fiscal primario que se podía destinar a la atención del pago de esta deuda, sin desatender la inmensa deuda social interna. Entonces nuestro país estuvo en condición de efectuar su ofrecimiento en la Asamblea anual del Fondo en Dubai en octubre de 2003. La oferta que, en valor presente –el cual resulta de medir cuanto vale el bono nuevo con su disminución de capital, de interés e incremento de plazo de amortización en comparación con el bono original– reveló una quita de un 75%. La desilusión de los acreedores fue muy grande y es comprensible. Hay que agradecer al ministro de economía y al equipo de refinanciación dirigido por el secretario de financiamiento, el Dr. Guillermo Nielsen. Demostraron coraje al explicar ante lo más granado de las finanzas mundiales, que estas duras condiciones eran las únicas que la Argentina estaba en condiciones de sustentar en el tiempo. La oferta fue tan exigente porque a diferencia de lo ocurrido en los defaults anteriores, el gobierno republicano de los Estados Unidos, contrariamente a lo que autorizaba el gobierno demócrata, se negó a que el FMI dé un préstamo de emergencia a la Argentina para que ésta pueda mejorar la propuesta a los acreedores. La teoría del "moral hazard" o riesgo crediticio empezó a entrar en vigencia. En cierta medida, fue la contrapartida positiva de la dureza demostrada por el Fondo en los primeros momentos de la crisis. El fracaso de los intentos de Anne Krueger, la vice directora del Fondo para hacer aprobar un especie de sistema de convocatoria de acreedores para los países en default, confirmó la teoría del gobierno republicano. Cómo bien lo explicó el Dr. Roberto Lavagna, se puso en práctica un nuevo paradigma para el tratamiento de las deudas impagas: el Fondo y los demás organismos de crédito internacionales pasaron a ser acreedores privilegiados, y los demás acreedores se tuvieron que conformar con lo que quedara. La necesidad de encarrilar la economía en un sendero de crecimiento sustentable para reducir lo más rápido posible la grave deuda social interna fue el otro condicionante que obligó a recortar la propuesta de pago a los acreedores. De todas maneras, aún tomando en cuenta que el plan de amortización se extiende sobre cerca de 40 años, el pago de los intereses y del capital reconocido suponen un esfuerzo continuado que no avala la historia económica argentina de los últimos treinta años. Para asociar a los acreedores a la suerte de nuestro país, se instituyó un cupón que paga el 5% del excedente del crecimiento por encima de los primeros 3%. En caso de un crecimiento de 7%, el monto a repartir entre los bonistas, será el 5% del importe representativo del 4% del PBI que es el que excede la base de 3%. Desde la presentación, hubo muchas reuniones con los representantes de los bonistas que no llegaron a gran cosa por la diferencia entre las aspiraciones de ambas partes. Hubo varias acciones judiciales, que demostraron cierta reticiencia de los jueces a intervenir, especialmente en los Estados Unidos. En los casos en que la Justicia falló a favor de los bonistas, los embargos no pudieron efectivizarse, más allá de algún bien de valor anecdótico. El Estado argentino goza de la inmunidad soberana reconocida en el mundo entero. Por otra parte desde las privatizaciones no posee bienes que no estén afectados a su buen funcionamiento y por lo tanto el cobro por la vía judicial se torna una intención abstracta. Por supuesto el sistema financiero mundial hizo lo posible para obtener una mejora de la oferta. Lo mismo hizo el FMI que no pudo abstraerse de la presión de algunos países que intentaron defender a los bonistas de su nacionalidad por su intermedio. Es por eso que nuestro país suspendió el acuerdo con el Fondo hasta que la refinanciación de la deuda se haya terminado, de manera de liberarse de las presiones del organismo y dejar que los mercados evalúen la conveniencia de la oferta. A principios de noviembre de 2004 se terminó de redactar el folleto definitivo del canje. Éste debía empezar a principios de diciembre y estar en vigencia las tres primeras semanas hasta navidad. Después de un receso de 15 días por las fiestas, se debía terminar en las dos primeras semanas de enero de 2005. A fines de noviembre de 2004, aparecieron problemas técnicos en la instrumentación del canje que se verá, muy probablemente, postergado varios meses. El porcentaje de aprobación será determinante para saber si la Argentina habrá podido reinsertarse en el mundo financiero. En el caso de una buena aceptación –entre el 70 y 80% de deudores aceptanto el canje– el sector privado verá facilitado su acceso a los mercados internacionales porque el país habrá salido del default. Si la aceptación es magra, o el canje se posterga más de la cuenta, el país se seguirá desenvolviendo con las mismas dificultades que hasta ahora, las que demostraron ser sobrellevables.

La tercera fuente de conflicto con el primer mundo –esencialmente Europa– resultó la pesificación y congelación de las tarifas de las empresas de servicios públicos privatizadas. La medida era de sentido común en una situación de grave emergencia. Sobre todo debido a la existencia, antes de la decisión, de tarifas que aseguraban importantes márgenes en casi todos los sectores. La excepción era el de la generación y distribución de electricidad. Las compañias sostuvieron que, a raíz de la devaluación, los intereses de sus deudas en dólares triplicaron su importancia sobre sus costos. Pero el ministerio de economía sostuvo, con razón, que estas deudas eran exageradas debido a que durante la década anterior, las empresas habían remesado la mayor parte de las utilidades, y financiado sus inversiones en base a endeudamiento, política poco prudente.

> Las empresas españolas repatriaron el año pasado, 4910 millones de dólares antes de que el gobierno argentino instaurara restricciones para el movimiento de fondos.[45]

Nos dice el diario *La Nación* en abril de 2002. Basta recordar que éste fue justamente el importe que adelantó el FMI en agosto de 2001, para darse cuenta de la importancia de los fondos que representaban las utilidades de las empresas privatizadas. El error consistió en demorar demasiado la renegociación de los contratos. Las empresas contaron al principio con el apoyo de sus gobiernos, pero a medida que pasaron los meses, quedó claro que la relación entre Estados no se vería afectada por el problema de las empresas resultante de la devaluación. Esto fue particularmente claro en el caso del gobierno español que tuvo que tomar en cuenta la opinión de su población que simpatizó con la situación de crisis del pueblo argentino. Con la llegada del Dr. Néstor Kirchner al poder, la Argentina actualizó sus críticas a los abusos de las empresas durante la década anterior, y éstas adoptaron una posición defensiva. De todas maneras, la realidad se termina imponiendo para todos los intervinientes en un debate de este tipo. A

---

[45] *La Nación*, 24 de abril de 2002, suplemento "Economía y Negocios".

principios de 2004, la Argentina vivió una incipiente crisis energética como consecuencia de una sequía que dejó sin agua los diques que generan cerca de un 40% de la energía eléctrica. Esto puso a la luz la insuficiencia de la generación de gas para reemplazar con este tipo de combustible, que utilizan las usinas térmicas, la energía faltante de las represas y reactivó el problema de las tarifas. Se estableció un sendero de recomposición de las tarifas de gas para el sector gasífero, y lo mismo está ocurriendo en el sector eléctrico. Existe en el Congreso un proyecto de ley de reglamentación genérica de los servicios públicos que no le gusta a los prestadores de estas actividades. Funcionarios viajaron a España para escuchar las objeciones de las compañías pero todavía no está claro si cuando la ley esté aprobada, su texto habrá tomado en cuenta todas las objeciones. Muy probablemente no. De todas maneras, se puede pensar que el problema se solucionará. Existen varios factores que permiten ser optimistas. En primer término el repunte del mercado mejoró de manera significativa los ingresos de muchas de las compañias de servicios. En segundo término en algunos sectores, especialmente en el telefónico, nuevos capitales se han invertido. Aportan una competencia que aparta toda posibilidad de que las tarifas se incrementen en los sectores en donde exista una libre competencia, los que desgraciadamente, son los menos. Por fin, las demandas interpuestas por algunos socios de las empresas privatizadas ante el Ciadi –el tribunal arbitral que depende del Banco Mundial– todavía siguen esperando un veredicto. Éste de todas maneras deberá ser ratificado por la Corte Suprema de Justicia de la Nación. El equipo gubernamental que representó al país en París, bajo la dirección del actual ministro de Justicia y entonces Procurador General del Tesoro Horacio Rosatti desarrolló una muy buena defensa. Dejó en claro que las empresas privatizadas sufrieron la misma emergencia que la integralidad de la economía argentina que fue en su totalidad afectada por el brusco cambio macroeconómico que la realidad hizo inevitable. De todas maneras, las empresas han renunciado a los privilegios de los que gozaron en el régimen anterior, como tarifas en dólares e indexaciones sobre la inflación de los Estados Unidos, para aceptar las reglas de juego que impone el nuevo orden macroeconómico vigente. A tres años de la salida de la convertibilidad, se puede decir que si bien el problema de las empresas privatizadas no está resuelto, se encuentra cada vez más cerca de su solución.

Los tres problemas que acabamos de abordar condicionaron las relaciones exteriores de Argentina con los países del primer mundo. La manera en que fueron administrados permitió a nuestro país seguir siendo miembro pleno de las naciones del mundo, si bien en los primeros meses que siguieron la salida de la convertibilidad se notó un enfriamiento. La presidencia de Eduardo Duhalde tuvo relaciones difíciles con los países de Europa, aunque éstas nunca llegaron a deteriorarse de manera significativa. Con los Estados Unidos las relaciones fueron más normales. Su canciller, Carlos Rukauf, un político sin experiencia diplomática pero que contaba con la absoluta confianza del presidente se apoyó en su Secretario de Relaciones Internacionales, Martin Redrado, un economista con buenos contactos en el mundo financiero de los Estados Unidos, y sobre los diplomáticos de carrera. Nuestro país mantuvo su presencia en el mundo, y actuó con protagonismo a nivel continental. A principios de 2003, conjuntamente con los principales países de América latina la Argentina votó en contra de la invasión de Irak por parte de los Estados Unidos. Consideró que las pruebas de la existencia en este país, de armas de destrucción masiva no eran suficientemente convincentes. En enero de 2003, el presidente Eduardo Duhalde presenció la asunción del mando del nuevo presidente electo de Brasil, Luis Inacio Lula Da Silva, que por provenir de una formación de centro izquierda como lo es el PT (partido de los trabajadores) tenía una buena afinidad con el nuevo gobierno argentino.

A partir del 25 de mayo de 2003, la actividad diplomática de la Argentina conducida por el Dr. Rafael Bielsa se aceleró y adoptó el ritmo que el nuevo presidente, Néstor Kirchner imprimió a toda la administración. Para su asunción, este día, se hicieron presentes los 10 mandatarios sudamericanos, destacándose la presencia de Lula Da Silva. Los que veían en el Dr. Kirchner un exponente de la izquierda argentina, destacaron la presencia de Hugo Chávez el presidente venezolano que había resistido el intento de golpe de Estado de la derecha de su país, y sobre todo la de Fidel Castro que atrajo una multitud cuando algunos días más tarde pronunció una larga conferencia en la explanada de la Facultad de Derecho durante más de 3 horas. Pero la presencia de Ricardo Lagos, el sereno presidente de Chile, o la de Jorge Battle el conservador presidente de Uruguay demostraba claramente que era Sudamérica toda que saludaba el regreso de la Argentina a la absoluta normalidad democrática. Los principales países del mundo estuvieron representados, especialmente España por el príncipe Felipe y Los Estados Unidos por el Secretario de Vivienda, Mel Martínez, cuya representtividad fue minimizada por analistas que, aparentemente, se olvidaron que todos los ministros del presidente Norteamericano ostentan el título de secretario del área en que lo asesoran.

Como dijímos, el nuevo presidente imprimió un ritmo veloz a su gestión y las relaciones exteriores no estuvieron al margen de esta característica. Tomó contacto con su par brasileño, asistió a todas las cumbres del Mercosur, viajó a Europa en donde visitó los principales países y se quedó más tiempo en España donde tuvo una conflictiva reunión con los empresarios que invirtieron en el país durante la década del noventa. Esta difícil reunión sirvió de detonador para que los empresarios españoles vuelvan a interesarse en la búsqueda de una solución constructiva para ambas partes en el problema de las empresas privatizadas. Volvió a España otras dos veces, y fue muy bien recibido por el presidente del Consejo de ministros, José María Aznar, un político de centro derecha, un sector que no compartía la visión de la sociedad del presidente argentino. Esto confirmaba que las relaciones entre los Estados exceden las diferencias ideológicas del momento. Con el cambio de gobierno de marzo de 2004, a raíz de las elecciones realizadas apenas algunos días después del trágico atentado de Al Quaeda en la estación de Atocha de Madrid, las relaciones con España mejoraron aún más. En una conferencia de las Naciones Unidas en donde coincidieron, se encontraron el presidente argentino y José Luis Rodríguez Zapatero. El nuevo presidente del Consejo de ministros de España por provenir de un gobierno de centro izquierda está mucho más en sintonía con la actual administración argentina. En un reciente viaje, el canciller español, Miguel Angel Moratinos se llevó una muy buena impresión del presidente argentino y contribuyó a desarmar la excesiva combatividad que reinaba entre los representantes de varias empresas españolas. Los principales países europeos como Francia y Alemania también apoyaron el esfuerzo argentino. A pesar de criticar con franqueza los aspectos de la política local que les parecían cuestionables, siempre votaron a favor del apoyo a la Argentina en el directorio del Fondo Monetario Internacional. El entonces canciller francés, Dominique de Villepin, y el entonces ministro de economía Francis Merk realizaron fructíferas visitas a nuestro país, lo mismo que el ministro de relaciones exteriores de Alemania. No ocurrió lo mismo con Italia, que empujada por sus 450.000 bonistas que no aceptan la dura reestructuración propuesta por la Argentina, no votó a favor del último programa de apoyo a nuestro país en el directorio del organismo internacional.

La relación con Estados Unidos ganó en cordialidad con la llegada del nuevo presidente argentino que fue muy bien recibido por el republicano Georges W. Bush. Hay que reconocer, que a pesar de sus críticas declaraciones sobre la Argentina, las autoridades económicas norteamericanas ayudaron a la recomposición de nuestras relaciones con el FMI. El Secretario de finanzas, Paul O´Neil, visitó nuestro país en plena crisis en julio de 2002, gesto que contribuyó a serenar los ánimos más angustiados sobre nuestro futuro. De la misma manera, John Taylor, el subsecretario que persistió en su cargo cuando O´Neil fue reemplazado por John Snow, vino varias veces a Buenos Aires. Es un constante apoyo de la gestión del ministerio de Economía. Esto a pesar de que nuestro país no demostró mucho interés en seguir negociando por el ALCA, el acuerdo de libre comercio con los Estados Unidos. La principal razón es que en su particular manera de entender la apertura de los mercados –lo mismo ocurre con los europeos– los americanos desgravan el comercio de las manufacturas pero mantienen limitaciones y subsidios para las producciones del agro, lo que le quita interés al ALCA. De todas maneras, siendo socio del Mercosur, nuestro país no puede negociar solo con Estados Unidos, y por el momento, los brasileños no están a favor ni de un acuerdo por el ALCA ni tampoco de un acuerdo con la Unión Europea.

Pues es necesario insistir que la política exterior argentina está centrada en el Mercosur. Es cierto que ésta Unión Aduanera en construcción no impide las relaciones con el resto del mundo, pero las condiciona en la medida en que todo acuerdo realizado con un tercer país tiene que tomar en cuenta la existencia de la misma. El Mercosur que reúne a Brasil, Argentina, Uruguay y Paraguay reviste una dimensión económica pero también una no menor dimensión política. En la faz económica, el Tratado de Asunción del 1 de enero de 1991 que protocolizó el acuerdo de Iguazú firmado en 1985 por los presidentes argentinos y brasileños, respectivamente Raúl Alfonsín y José Sarney, procuraba la integración intrasectorial de los países, no así la especialización productiva entre aquéllos. La idea era desarrollar los sectores en el ámbito más amplio del mercado unificado de varios países. Es por eso que en el Tratado se permitió a los países miembros establecer restricciones a las importaciones originadas en otros miembros si se comprobaba que las mismas dañaban seriamente algún sector de su economía. Este mecanismo duró hasta fines de 1994 con una acotada lista de excepciones a los acelerados cronogramas generales de desgravación arancelaria establecidos en el Tratado. Pero a partir del 1 de enero de 1995, en el acuerdo de Ouro Preto –sin duda influenciado por el Consenso de Washington en plena vigencia– se resolvió prescindir completamente de mecanismos de salvaguardia para el comercio intrazona. Esto tornó vulnerable el comercio a las fluctuaciones macroeconómicas de los países miembros favoreciendo las exportaciones del miembro que tiene la moneda más devaluada e incrementando las importaciones de los países con ciclo económico alto. De todas maneras, a pesar de los altibajos debido a estos desajustes macroeconómicos, el comercio intramercosur se desarrolló mucho más rápido que el comercio con el resto del mundo en el caso argentino. Llegó a representar el 30% de las exportaciones en 1997, pero la devaluación del real en 1999 le hizo perder importancia. La fuerte devaluación argentina de 2002 no tuvo el efecto reactivador de nuestras exportaciones hacia Brasil que se podía esperar por la conjunción de dos factores. Por un lado, el estancamiento del ciclo brasileño en 2002 y

2003 conspiró contra el incremento de nuestras ventas. Por otro lado la devaluación de un 60% del real en enero de 1999, mientras que el peso quedó atado al dólar hasta enero de 2002, provocó una fuerte asimetría macroeconómica. Esto generó en estos tres largos años, un desvío de inversiones hacía Brasil y hasta en varios y sonados casos, deslocalizaciones de fábricas argentinas a Brasil. El caso de la industria automotriz fue el más notorio pero no el único. El resultado de estas deslocalizaciones e inversiones concentradas en Brasil –que además de las ventajas macroeconómicas ofrecía y ofrccc un completo programa de apoyo industrial con importantes desgravaciones impositivas, siempre y cuando el inversor se comprometa a cumplir un programa de inversión y atenerse a metas de producción plurianuales–, potenció la oferta brasileña en muchos sectores que vieron disminuir su capacidad de producción en la Argentina. Esto explica el saldo negativo del comercio con Brasil en estos últimos 18 meses y la reacción de nuestras autoridades. Éstas han establecido cupos a las importaciones y hasta aranceles para compensar algunas de las ventajas fiscales más notorias para atender la coyuntura. Esto mientras negocian con sus pares brasileños volver al espíritu original del Tratado que buscaba fomentar la complementación sectorial. La gran cuestión, es que los brasileños tienen una política industrial consecuente en plena aplicación desde hace 30 años. Al contrario la política industrial argentina, cuando existió, fue errática, y en la década del noventa, se decidió, con una inconciencia cuyas consecuencias están a la vista, que la mejor política industrial era la que no existía. Más que criticar a los brasileños lo que tenemos que hacer es imitarlos y adoptar una política industrial adaptada a nuestras necesidades, para poder competir con ellos dentro de la complementación intrasectorial prevista en el Tratado de Asunción.

El aspecto económico del Mercosur es sin duda importante, pero no debe esconder la importancia política del acuerdo de integración. En las reuniones periódicas de los presidentes junto con los ministros de relaciones exteriores, se aborda una amplia agenda, y se genera un conocimiento y un sano espíritu de colaboración entre los participantes. Este aspecto político es importante en primer término en cuanto a la ratificación del compromiso democrático de los miembros. Los procesos democráticos de Argentina y Brasil se vieron reforzados por el compromiso implícito del Tratado de apoyo a éste tipo de gobierno. Pero el rol del Tratado adquirió su máximo efecto en el socio institucionalmente más débil, el Paraguay. Este país resistió la tentación del golpe militar y está afianzando su democracia en gran medida gracias a la tutoría que ejercen sus dos grandes vecinos y el ejemplo de Uruguay, sin duda la democracia con más títulos del continente. También la posición negociadora de cada uno de los países miembros con el resto del mundo se ve vigorizada por su pertenencia al Tratado, ya que además de su importancia particular cada uno de los países arrastra en cierta medida la importancia de los demás. Brasil es muy consciente de este efecto, que juega especialmente a favor suyo debido a que es el socio más importante y por lo tanto el líder natural del conjunto. Sin duda estas consideraciones políticas tornan a la Argentina un socio privilegiado dada su importancia relativa. Esta potencia el conjunto y permite pensar que Brasil se avendrá a renegociar los aspectos del acuerdo de Ouro Preto que más perjudicaron a nuestro país.

En la relación con los países de la región es necesario destacar el acercamiento que se produjo con la Venezuela de Hugo Chávez. El Dr. Kirchner mantuvo un trato cordial con el discutido presidente de Venezuela. Esto no le impidió tomar contacto con miembros de la oposición en oportunidad de un viaje a Caracas algunos meses antes del referendúm que ratificó a Chávez en su puesto con una rotunda mayoría. Más allá de la simpatía que pueda despertar o no el presidente venezolano, la Argentina comparte con él la voluntad de integración sudamericana. El sentido común indica que nuestros países deben empezar a comerciar entre ellos los productos que pueden proveerse reemplazando vendedores externos a la zona. Es así como se firmó un convenio de complementación comercial con Venezuela y la Argentina adquirió allí fuel oil para paliar la crisis energética de principios de 2004. En contrapartida los venezolanos compraron material médico, productos alimenticios y enviaron el primer barco de su flota petrolera para ser reparado en los astilleros de Rio Santiago.

En lo que respecta a Bolivia, luego de los graves disturbios de principios de 2003 que obligaron a renunciar al presidente Sanchez de Lozada, la Argentina reconoció inmediatamente al Dr. Gustavo Mesa el vicepresidente que asumió el cargo de acuerdo a la constitución boliviana. La influencia argentina fue positiva y evitó probablemente una radicalización de la situación política boliviana. Allí la manera en que deben ser explotadas las inmensas reservas gasíferas recientemente descubiertas ha agitado una sociedad pobre con una gran desigualdad en la distribución de la riqueza. Además la situación en Bolivia se ve complicada por la existencia de diferencias étnicas y culturales entre las comunidades indígenas, la población mestiza, y la blanca. El abismo geográfico entre la próspera llanura de Santa Cruz de la Sierra y la zona del altiplano en donde se encuentran la capital La Paz, y las principales comunidades indígenas, agudiza aún más la complejidad del problema boliviano. Con la compra de gas, la Argentina permite que se comercialice parte de la riqueza gasífera y con la construcción de un nuevo gasoducto estratégico en el norte del país estaremos en condiciones de incrementar fuertemente estas compras, para provecho mutuo de nuestros dos países.

El otro país sudamericano con el cual la Argentina tiene un trato estrecho es Chile, que ha realizado grandes inversiones en nuestro territorio, y cuyas empresas de generación eléctrica dependen en gran medida del aprovisionamiento de gas argentino. La crisis energética local obligó a recortar el suministro de gas a Chile a principios de 2004, y durante algunos momentos del invierno 2004, lo que creó tensión con este país, tensión que fue por suerte superada. La afinidad que existe en la forma de ver la sociedad entre los gobiernos de ambos lados de la cordillera ayuda a resolver estos enojosos problemas.

Dentro de la intensa actividad desplegada por Néstor Kirchner hay que destacar el acercamiento con China, la nueva potencia asiática que con sus 1.300 millones de habitantes y un crecimiento sostenido desde más de dos década a ritmos cercanos al 9% anual, se ha convertido en un mercado al que es necesario tomar muy en cuenta. A principios de año, el presidente brasileño viajó allí con 450 empresarios e importantes convenios comerciales fueron firmados entre Brasil y China. En Junio, el presidente argentino viajó con más de 200 empresarios y también se trabajó sobre la manera de incentivar aún más un comercio que conoció un fuerte incremento con las ventas de soja como producto líder si bien no único. A mitad de noviembre el presidente Chino Hu Jintao habrá pasado por Buenos Aires, y en el momento de escribir estas líneas, se habla de importantes contratos de inversiones de China en la Argentina. Éstas se destinarían a los ferrocarriles, a los sectores minero y petrolero mientras que nuestro país se comprometería a abastecer a China de cereales y otros productos por un amplio plazo de tiempo. Los comentaristas más optimistas hablan de una complementación similar a la que unió a la Argentina con Inglaterra a principios del siglo XX. Habrá que ver como se definen los acuerdos y esperar que el intercambio de productos industriales sea equilibrado para no volver a la dependencia de las manufacturas inglesas de principio de siglo que constituyó uno de los motivos del posterior atraso argentino. De todas maneras, en un momento en que a raíz del default de la deuda, son muchos los observadores que estiman que le costará a la Argentina obtener capitales que se quieran invertir aquí, un acuerdo con China podría actuar de positivo disparador, tan cierto es que a ningún proveedor le gusta perder un cliente por chico y conflictuado que sea.

A tres años de la explosión de la crisis, podemos constatar que la relación con el FMI está en suspenso pero con razonables perspectivas futuras. El canje de la deuda en plena etapa de definición, a pesar de los problemas técnicos de fines de noviembre 2004, y con un pronóstico de éxito también razonable. Las negociaciones con las empresas privatizadas más cerca de concretarse. Nuestro país que está sólidamente insertado en el continente y con buenas relaciones con Europa y Estados Unidos, está a punto de abrir un promisorio flanco asiático. La inserción en el mundo, si sufrió un retroceso justo después de la crisis, ha vuelto a ser una realidad concreta que suma otro aspecto positivo a nuestra visión optimista del futuro nacional.

CAPÍTULO 11

ALGUNAS RAZONES PARA LA ESPERANZA

En este último capítulo nos queda por detallar algunas de las razones que nos permiten tener esperanzas sobre la Argentina. Esto nos va a llevar, probablemente de manera arbitraria, a resaltar algunos logros o puntos fuertes, sin dejar de mencionar los problemas o puntos débiles que les pueden estar asociados.

El primer elemento alentador es la manera en que la sociedad argentina reaccionó favorablemente a la crisis de fines de 2001 y principios de 2002. La explosión política fue contenida dentro del marco de la Constitución, y un poco más de un año después, en elecciones inobjetables la ciudadanía eligió un nuevo presidente, el Dr. Néstor Kirchner. Éste inició su mandato el 25 de mayo de 2003 con el 22% de los votos que reunió en la primera vuelta, ya que el Dr. Carlos Menem no se animó a enfrentarlo en la segunda vuelta en donde las encuestas daban el apoyo de cerca del 75% de la ciudadanía a su rival. Los votos virtuales que hicieron desistir a su rival, se trasladaron al respaldo que la opinión pública prestó a los primeros meses de su gestión, respaldo masivo que duró mucho más de lo normal. Ya hemos visto que después de 18 meses de gobierno, la adhesión a su persona bajó del 75 al 60%, y la aprobación a su gobierno se mantiene ligeramente por encima del

50%, con cerca de un 30% de opiniones que lo consideran regular y solamente un 20% que se pronuncia por la drástica calificación de mala. En el segundo semestre de 2003, se realizaron las elecciones para la renovación de las gobernaciones provinciales, y en la enorme mayoría de los casos, los candidatos apoyados por el nuevo presidente, casi todos justicialistas, ganaron las contiendas electorales. Quien se pretendía hacer aparecer como el títere del ex presidente Duhalde porque éste le dio su apoyo en la interna abierta justicialista que coincidió con las elecciones generales, armó rápidamente un amplio poder propio. Éste se basa en el masivo apoyo de la opinión pública, el respaldo de la mayoría de los gobernadores, y una cómoda mayoría en la Cámara de diputados y en el Senado. Allí los representantes justicialistas apoyan las iniciativas legislativas del presidente que representa a su partido. Los diputados y senadores de la provincia de Buenos Aires participaron activamente en la unificación de la tarea legislativa de los representantes justicialistas, desmintiendo en los hechos las especulaciones teóricas de la mayoría de los comentaristas. Éstos subestimaron la capacidad de aprendizaje del Dr. Duhalde durante sus casi 17 meses en la presidencia de la Nación y lo imperioso de la exigencia de la ciudadanía para la renovación de la política. Era lógico que el Dr. Duhalde, que había piloteado con éxito el país en el peor momento de la crisis, tuviera interés en que su sucesor, salido del riñón de su partido, tuviera éxito. Me parece que muchos comentaristas subestimaron la presión que sintió el presidente interino durante los peores meses de la crisis, presión que lo ayudó a tomar conciencia de los requerimientos urgentes de una sociedad al límite de la explosión. Una vez admitido este duro aprendizaje, se entiende que más allá de diferencias de criterio sobre algunos aspectos, el nuevo presidente y su antecesor coincidieran sobre los puntos esenciales de la gestión. La mejor prueba de ello, fue la ratificación de la política económica aplicada y la confirmación en su puesto del ministro de economía, el Dr. Roberto Lavagna.

Le costaba entender a la mayoría de los observadores el giro imprevisto del "que se vayan todos". Interpretado literalmente como una renovación total de la clase política, algo que ya hemos explicado, es totalmente imposible, se limitó al abandono del escenario de los principales responsables de la crisis. Efectivamente el Dr. Menem y quienes lo apoyaron más notoriamente tuvieron que dar un prudente paso al costado. Esta reacción madura de la sociedad argentina es explicada con mucha claridad por el politólogo francés especialista de la Argentina, Alain Rouquié que expresaba a La Nación en junio de 2004:

Las cosas se vieron de manera superficial. "Que se vayan todos" significaba que cierta cantidad de gente a la que vimos actuar por tiempo suficiente debía irse. Hubo una distorsión de la Argentina, a través de la prensa. Se destacó lo que era más visible: trascendieron el rechazo a la clase política, los piqueteros y el cacerolazo. Pero cuando hubo que votar, votó la inmensa mayoría, los que no son piqueteros ni participaron en el cacerolazo. Y la sorpresa de abril de 2003 fue un salto adelante de la democracia. Se hubiera podido pensar que iba a haber un inmenso "voto bronca", un nivel de abstención colosal. Todos lo pensaron. ¿Qué pasó finalmente? Hubo un voto constructivo, que permitió una salida democrática y constitucional a una crisis que todos veían como insuperable. Esa fue la reacción democrática del corazón de la opinión pública argentina.[46]

[46] Rouquié Alain: reportaje al diario *La Nación* del 30 de junio de 2004.

El país ansiaba una representación legitimada por el voto y es por eso que la decisión del Dr. Duhalde de adelantar las elecciones fue la concreción de una intuición muy oportuna. La elección del Dr. Kirchner fue en parte casual. Basta recordar la manera en que se fue imponiendo como candidato del justicialismo oficial después de los intentos fallidos del Dr. De la Sota y del Dr. Reuteman; pero recayó sobre el candidato más indicado. El nuevo presidente, dueño de un diagnóstico preciso sobre las causas de la crisis, actuó con gestos claros con respecto a los mandos militares; la reivindicación más conflictiva, por la forma más que por el fondo, de los derechos humanos en general y los conculcados en la década de los setenta en particular; la renovación de la Corte Suprema desacreditada, por juristas de primer nivel. Los jueces anteriores fueron sometidos al juicio político por el Parlamento actuando como Cámara acusadora y el Senado como órgano de sentencia. Y sobre todo, enjuició de manera implacable a la política económica de los noventa y a las consecuencias sociales del famoso Consenso de Washington avalado por el FMI, y los grandes inversores extranjeros. Haciendo gala de un protagonismo agotador, día tras día fue desgranando su pensamiento y actuando en consecuencia. La lingüista Yvonne Bordelois piensa que:

> En Kirchner lo que me gusta es que tiene un lenguaje sumamente directo, llano... Yo creo que tiene un lenguaje muy claro y muy enérgico... Me parece que rapidez y claridad son lo que caracteriza no sólo su habla, sino su acción.[47]

En su primer viaje a España, el Dr. Kirchner tuvo una reunión particularmente tensa con los principales

---

[47] Bordelois Yvonne: reportaje al diario *La Nación* del 10 de enero de 2004.

inversores de ésta nacionalidad en que explicó con claridad su visión de lo que había pasado en la década anterior y su firme decisión de cambiar las cosas:

"la Argentina tiene futuro con o sin ayuda; claro que si no la tenemos será más difícil la recuperación, pero seguiremos adelante."[48]

Este tipo de reafirmación de la voluntad nacional de salir como sea de la crisis sin aceptar condicionamientos intolerables le valieron el aplauso de la mayoría de los argentinos. Con el FMI y con los acreedores privados, su discurso, el mismo por otra parte que el del ministro Lavagna, provocó reacciones adversas de sus oponentes en un primer momento, pero permitió que éstos tomaran conciencia de la gravedad de la situación en que se encontraba la Argentina y se avinieran a negociar soluciones de compromiso que tomaran en cuenta el interés de país. Por supuesto, esta actitud fue avalada masivamente por la opinión pública, que se sintió, después de tanto tiempo, auténticamente representada por su presidente. Después de la frustración de los noventa en que había apoyado con fe el esquema de la convertibilidad por la estabilidad que aportó, sin sospechar los graves problemas que se disimulaban detrás de ella, la mayoría de la ciudadanía se encolumnó detrás del proyecto del nuevo presidente. Este proyecto, según Tulio Halperín Donghi se describe así:

La visión sobre el país de Kirchner se parece a la de Frondizi, es a él a quien más se parece, en el sentido de que cree que la Argentina debe ser un país capitalista maduro, aunque esta visión de ninguna manera define al Presidente como político.

[48] Kirchner Néstor: palabras atribuidas al presidente por Fernando González en *Clarin* del 18 de julio de 2003.

Kirchner tiene una enorme ventaja: tiene acceso al movimiento político dominante en el país en este momento, con lo que no contaba Frondizi.[49]

La comparación con el Dr. Arturo Frondizi, probablemente el mayor estadista que conoció el país en el siglo XX, es una toma de posición sumamente favorable para el actual presidente y el país todo. Probablemente los éxitos económicos obtenidos desde su asunción del mando, que se debieron a la persistencia en la aplicación de la política puesta en práctica en enero de 2002 –con los oportunos agregados aportados por el Dr. Roberto Lavagna desde el segundo semestre de 2002– ayudaron a la valoración favorable del historiador mencionado y de la mayor parte de la sociedad sobre su gestión.

Por lo tanto está claro que la sociedad argentina reaccionó bien a la crisis de fines de 2001 y principios de 2002 y supo en las elecciones elegir un buen candidato. Éste a su vez formó un gobierno sólido cuyo accionar cuenta con el apoyo de la mayoría de los ciudadanos que se siente representada por su gobierno. Lo que tenemos que preguntarnos es si esta misma sociedad cuenta con bases suficientes para que esta reacción positiva ante la adversidad se siga apoyando sobre pilares bastante sólidos como para sostener un largo proceso de crecimiento y desarrollo con inclusión social, el único que puede despertar nuestra esperanza.

El primer punto que permite una contestación favorable es la existencia en el país de una gran riqueza humana. El Dr. Javier Gonzalez Fraga sostiene que la Argentina es un ejemplo único de asimilación de una inmigración masiva procedente de prácticamente todos los destinos europeos, con una gran concentración de italianos y

---

[49] Halperin Donghi, Tulio: "Los intelectuales y el país de hoy", p. 100, *La Nación*, 2004

españoles. Las distintas comunidades que convivieron se fueron mezclando poco a poco por medio de matrimonios mixtos. Esta mezcla de razas y de culturas fue definiendo un tipo humano con rasgos positivos y particularmente bien dotado. Es cierto que esta riqueza humana compensa la falta de identidad que fue el revés negativo de la trama de una inmigración demasiado masiva en un lapso de tiempo breve. Probablemente el individualismo propio de sociedades con baja identidad cultural favoreció la acentuación acrítica de los aspectos más economicistas de la globalización, y es responsable en gran parte del auge de las teorías y políticas que se aplicaron en los noventa con los resultados negativos que ya hemos analizado. Se puede pensar que los sufrimientos y las angustias que se vivieron durante la crisis y en los largos años de recesión que la precedieron, hayan ayudado a cuajar la identidad demasiado débil que dejó prender, sin contrapesos, las teorías neoliberales aplicadas sin atenuantes en la década anterior. La positiva reacción política vivida sería, en esta visión positiva, el resultado de esta maduración y mayor claridad en asumirse como sociedad. De ser cierto, habría mejorado el "capital social de la nación": este novedoso concepto "detectado en los estudios pioneros de Putnam" (1994) abarca por lo menos cuatro dimensiones: "los valores éticos dominantes en una sociedad, su capacidad de asociatividad, el grado de confianza entre sus miembros y la conciencia cívica".[50] La reacción a la crisis parece indicar que han mejorado la conciencia cívica y probablemente la confianza entre sus miembros. A raíz de la crisis, se multiplicaron las conductas solidarias, y hubo un auge de las ONG caritativas. Cómo lo recuerda Bernardo Kliksberg.

En la Argentina, sin la acción de organizaciones ejemplares como Caritas, la AMIA, la Red Solidaria

---

[50] Kliksberg Bernardo: *Más ética, más desarrollo*, Tema Grupo Editorial, 2004, p. 18.

y muchas otras, la pobreza sería aún peor. El ejemplo de cartoneros que juntaron y entregaron 900 kilos de alimentos a niños tucumanos más pobres aún que ellos indica el potencial inmenso de la solidaridad que encarnan los voluntarios.[51]

Estas actitudes demuestran que la sociedad está en el buen camino, pero queda mucho por recorrer debido al nivel de inequidad que ha alcanzado la sociedad argentina y que recién se está empezando a corregir. La visión del sociólogo Manuel Mora y Araujo es más pesimista porque considera que la sociedad está dividida en tres Argentinas: "la de las personas individualmente competitivas, la de las poco competitivas y la de los excluidos, carentes de toda competitividad".[52] Estos tres sectores, además de sus diferentes aptitudes tienen, según el sociólogo, culturas y aspiraciones diferentes:

El primer segmento lo desempeñan quienes pueden desempeñarse normalmente en una economía moderna –y están preparados para irse del país si éste no les ofrece oportunidades–, genera demandas de una economía abierta, de estabilidad y crecimiento. Allí está la Argentina de la "sociedad del conocimiento" y de la alta productividad, donde hay bajo desempleo, espíritu emprendedor y motivación para la innovación. También allí se generan demandas de mejor calidad institucional.

Políticamente, esas personas no se sienten representadas, no confían en los dirigentes –políticos o sectoriales– y no reconocen liderazgos. Por sus actitudes, sus expectativas y su visión del país, ese segmento mueve a la Argentina hacia el mundo moder-

---

[51] Kliksberg Bernardo, *op. cit.*
[52] Mora y Araujo Manuel: "Las expectativas sociales y la gobernabilidad del sistema", *El Cronista*, 30 de agosto de 2004.

no. El segmento poco competitivo está constituido por personas de clase media, que temen a la apertura excesiva de la economía. La década del 90 fue muy negativa para esta franja, habituada por generaciones a la movilidad social ascendente y el bajo desempleo. Una proporción de sus miembros se desempeña en el sector público; aproximadamente un tercio está sindicalizado. Su productividad es baja pero gozan de estabilidad laboral. En ese segmento se sustentó políticamente el liderazgo de Néstor Kirchner después de asumir la Presidencia de la República... El segmento de la exclusión y la pobreza extrema –acentuada durante la década del 90 y, sobre todo, después de la crisis de 2001– es el de las personas carentes de calificaciones laborales, condenadas al desempleo estructural.[53]

La rígida clasificación de Mora y Araujo puede inclinar al pesimismo, pero si bien estas clasificaciones son válidas no dejan de ser generalizaciones que no distinguen los infinitos matices que de hecho existen entre los distintos componentes de cada una de las tres grandes franjas en que se divide la sociedad en función de sus aptitudes y aspiraciones. El voluntariado que surgió durante la crisis y que hemos mencionado anteriormente fue conformado por componentes de los 3 sectores. Una característica muy difundida entre los argentinos, si bien perdió vigor en los últimos años, es la existencia de cierta capacidad de contacto y hasta cierto punto de comprensión entre los miembros de los diferentes sectores. El ciudadano argentino es conciente de su condición de tal, y sabe hacerse respetar cualquiera sea su condición social. Además existen muchos ejemplos que demuestran que los componentes del sector competitivo no sucumben siempre a un individualismo fe-

[53] Mora y Araujo Manuel: *op. cit.*

roz, como parece demostrarlo la rígida categorización. Esto explica la corriente de regreso de argentinos talentosos que tuvieron que irse del país por motivos de supervivencia durante la crisis. Por lo tanto, si bien es cierto que en el sector más competitivo hay mucha gente preparada para irse del país, también lo es que apenas las condiciones mejoran, muchos vuelven a su tierra porque su país les brinda multitud de satisfacciones y motivaciones que no encuentran en el extranjero. Por fin, desde un piso sin duda más alto, en todas las sociedades del mundo, existen categorías de personas que se distinguen por sus aptitudes, su competitividad y su mentalidad. No hay mucho en común, entre un financista de Wall Street y un chofer de taxi de New York. Lo que sí es un bache que debe ser rellenado cuanto antes, es la diferencia de preparación existente entre los estamentos más elevados de la sociedad y los más bajos.

El déficit educativo es un problema real de nuestra sociedad por dos motivos: primero porque la evolución mundial exige un nivel de conocimientos básicos cada vez más exigentes, y en segundo término, porque la calidad de la educación primaria y secundaria sufrió un grave deterioro que se fue acumulando de a poco en las dos últimas décadas. Sin embargo, conviene destacar el mensaje de esperanza que brinda el ex ministro de educación el Dr. Juan J. Llach:

> En las últimas décadas hemos ido perdiendo el rango educativo que ostentáramos, aunque el panorama no es totalmente desalentador. Las pruebas internacionales de calidad muestran a la Argentina todavía en un primer plano, compartido, en América latina y a una distancia no insalvable de los países desarrollados. Desde el restablecimiento de la democracia la escolarización aumentó notoriamente

y se redujeron algunas de las brechas educativas entre ricos y pobres. La esperanza de escolaridad de un chico de 5 años en la Argentina es hoy igual a la de los países de la OECD y la mayor de América latina, salvo tal vez Cuba.[54]

La situación si bien es grave, es todavía recuperable y los incrementos del presupuesto educativo, insuficientes sin duda, demuestran que existe la voluntad de las autoridades de atacar el problema y es de esperar que el esfuerzo sea continuado en el tiempo, única manera de obtener resultados concretos. A nivel universitario la situación es más contrastada en función de los establecimientos. Lo que sí es una realidad positiva, es que los profesionales argentinos son reconocidos internacionalmente por su calidad. Se puede mencionar el reciente ejemplo del joven argentino, Sergio Sancho, estudiante de Ciencias de la Computación de la UBA, ganador de uno de los más importantes concursos informáticos del mundo, el Jam Google 2004 frente a 7.500 participantes. O la distinción otorgada al rector de la Universidad de Buenos Aires, el Dr. Guillermo Jaim Etcheverry recientemente nombrado miembro de la Academia de Ciencias y Artes de los Estados Unidos. Para entender la verdadera dimensión de la distinción conferida al rector de la UBA, basta recordar que desde su fundación en 1780 por Johns Adams:

"la Academia incorporó a figuras de la talla de Albert Einstein, Ralph Wardo Emerson, Winston Churchill y otros 150 premios Nobel y 50 premios Pulitzer entre otras destacadas personalidades de la educación, el arte, la ciencia y la política de los Estados Unidos y del mundo."[55]

[54] Llach Juan J.: "Es urgente corregir la discriminación social en la educación argentina", *El Cronista*, 13 de octubre de 2004.
[55] Bär Nora: "Distinguieron en los EE.UU. a Jaim Etcheverry", *La Nacion*, 12 de octubre de 2004, p. 8.

Aunque carente de presupuesto suficiente, el sistema científico argentino sigue siendo de calidad. Existe una tradición que permitió que el nuestro sea el único país de América latina que pueda ostentar un premio Nobel de ciencia. En realidad fueron 3, el Dr. Bernardo Houssay en 1947, el Dr. Federico Leloir en 1970 y el Dr.Cesar Milstein en 1984. El premio Nobel de economía de 2004, Finn Kydland, escribió varios trabajos sobre la economía nacional con uno de sus colaboradores el economista argentino Carlos Zarazaga. Existe materia gris en la Argentina, pero es necesario incrementar la cantidad y la calidad de los universitarios y por supuesto desarrollar un programa de desarrollo científico plurianual para devolver a este sector la importancia que siempre debiera haber tenido. Lo importante es que existe el elemento humano de base en calidad y cantidad suficiente para poder encarar un programa de este tipo que con el aumento de presupuesto de estos dos últimos años sólo está en sus primeros balbuceos.

De hecho, la capacidad del ciudadano argentino se manifiesta también en su capacidad laboral y su nada común voluntad de emprender. La Argentina detenta el primer puesto en América latina por la cantidad de emprendimientos empresarios de pequeña dimensión que sobreviven al primer año de lanzamiento. Esta capacidad se nota tembién en el auge de las manifestaciones culturales de todo tipo. La literatura, el cine, el teatro, la pintura y la música tienen muchos cultores y creadores e intérpretes de muy buen nivel. El Dr. Horacio Sanguinetti, reconoce esta realidad en una reciente entrevista en que nos dice:

"ahora, es cierto que Buenos Aires, en particular, y también el resto del país, tiene una reserva cultural y una reserva de materia gris asombrosas. Yo no sé cómo."[56]

[56] Sanguinetti Horacio: Entrevista al diario *La Nación* del 11 de octubre de 2003.

Sin duda para no dejarnos llevar por una visión cándida de la realidad argentina debemos reconocer los contrastes que como hemos visto más arriba señala el Dr. Mora y Araujo. La deuda social que han dejado los años de la crisis es grave. Muchos chicos han perdido años valiosos para su desarrollo el cual se vio y todavía se ve afectado por la precariedad en la cual viven. La socióloga Susana Torrado los considera cómo:

"personas que, desde el comienzo de la socialización al comenzar la escuela primaria, hasta los 20 años, se quedaron sin la posibilidad de tener un proyecto de vida"[57] lo que la lleva a concluir que: "eso quiere decir que la sociedad argentina nunca volverá a ser la que fue, porque hay algunos cambios que son irreversibles."[58]

Nuestro país cargará durante décadas con estos jóvenes que no tuvieron la oportunidad de crecer adecuadamente y a los cuales la sociedad tendrá que brindarles oportunidades de desarrollo que requerirán inversiones financieras y de solidaridad humana. Por suerte, el gran incremento de los índices de pobreza e indigencia que surgieron después de la crisis de fines de 2001, se están revirtiendo con relativa rapidez. Es de esperar que el daño causado a las familias que quedaron y todavía quedan entrampadas en la pobreza han sido y siguen siendo reducidos por la ayuda brindada por los planes oficiales y la de las innumerables asociaciones caritativas que desempeñaron y desempeñan un papel humanitario fundamental. Pero la solución definitiva de este desgarrante problema surgirá de la creación de empleos a un ritmo suficiente para reducir

---

[57] Torrado Susana: Entrevista al diario *La Nación* del 24 de enero de 2004.
[58] Torrado Susana: *op. cit.*

drásticamente la desocupación. Y esos empleos provendrán de la laboriosidad y capacidad de emprender de los sectores de la sociedad que han podido escapar a los embates más violentos de la crisis. Y como lo hemos visto, existen todavía numerosos grupos de argentinos que invierten en su país, se lanzan en nuevos emprendimientos con eficiencia y laboriosidad, virtudes favorecidas por el nuevo contexto político y macroeconómico que se ha tornado favorable al emprendimiento y al trabajo nacional.

Uno de los grandes problemas que vive nuestra sociedad es el de la inseguridad. El incremento de la delincuencia tiene varias causas, y una de ellas, aunque probablemente no la principal, es el aumento de la indigencia, la desocupación y la degradación cultural de la población afectada por estos terribles males. A riesgo de escandalizar, es necesario recordar que a pesar de estas condiciones negativas, el delito en la Argentina, si bien se incrementó, sigue estando en el nivel más bajo de América latina. El especialista norteamericano en América latina, Joseph Tulchin efectuó recientemente manifestaciones contundentes al respecto

Tenemos que volver a insistir en que la Argentina sigue siendo, relativamente, un país seguro. Si la comparamos con países como Brasil, Venezuela, México y Colombia, la Argentina es un paraíso. Incluso si la comparamos con otros países de América, tales como la República Dominicana y los propios Estados Unidos. No nos olvidemos de que el diez por ciento del territorio de San Pablo está controlado por narcotraficantes. Algo así no ocurre en la Argentina. Pero al enfocarse los medios de comunicación en los aumentos en algunos indicadores de delincuencia –que por cierto, han aumentado, pero desde niveles muy bajos– y al concentrarse en casos sensacionales de criminalidad, han contribuido a una sensación pública de alta inseguridad.[59]

Esta puesta en perspectiva del real problema de inseguridad que vive nuestro país es importante para aventar los fantasmas de quienes, vaya a saber uno para qué, pintan a la Argentina como un país librado a la anarquía de los delincuentes ante la complacencia de las autoridades. La visión positiva, llevaría más bien a considerar que después de la recesión económica y la deuda social que dejó, es un signo de salud que el delito esté en el nivel en que se encuentra actualmente, lo que no significa que no deba ser combatido con todas las armas que provee la ley.

Otro aspecto positivo que hay que señalar es que la Argentina brinda a su población una geografía sumamente favorable. Aunque pueda parecer un lugar común hay que destacar que extendido del trópico a los hielos antárticos, de los Andes al océano, nuestro país brinda a su población casi todos los climas y riquezas naturales en abundancia, además de paisajes de una singular belleza. Sin duda los recursos naturales son una ayuda, aunque no lo esencial, en una economía del conocimiento como lo es la del siglo XXI en donde la creación de valor a partir de las materias primas y la organización eficaz del sector terciario apoyándose en las nuevas tecnologías, son la base del crecimiento económico. Pero si no nos apartan del sector más valioso de la economía moderna, las riquezas naturales que fueron la base de nuestra riqueza durante demasiado tiempo, seguirán siendo un valioso aporte para nuestro desarrollo. Además, la belleza de nuestra naturaleza atrae a

[59] Tulchin Joseph: reportaje en el diario *La Nación*, del 8 de septiembre de 2004.

cada vez más turistas que son la base de una industria próspera que juega un papel importante en la reducción de la desocupación.

Nuestro país está por lo tanto dotado para desarrollar los tres sectores que constituyen toda economía desarrollada. El sector primario fue el que conoció una gran expansión desde la consolidación nacional. Desde fines del siglo XIX y durante los primeros treinta años del siglo XX, conoció un fenomenal desarrollo que se debió a la complementación entre la Argentina productora de alimentos e Inglaterra, la principal potencia de la época, emporio industrial sin rivales. El desarrollo agropecuario de este medio siglo de prosperidad que se hizo en base al trabajo de la tierra financiado por capitales locales y la infraestructura ferroviaria y portuaria financiada por los capitales ingleses, arrastró a todo el país. La crisis del 30 complicó las cosas para el sector agropecuario, pero el país siguió desarrollándose con la creación de una industria que fue sustituyendo a la importación. Sin embargo, el proceso industrial, se basó demasiado sobre la industria liviana e incorporó tardíamente, recién a fines de la década del 50 algunas producciones pesadas.

Durante la presidencia de Arturo Frondizi, se impulsó la inversión en industrias de base como el acero, la petroquímica y la celulosa que permitieron la integración de industrias de bienes finales más sofisticadas como la de los automóviles, la de maquinaria agrícola y la industria naval. Hasta fines de los años setenta, la industria argentina sostenía favorablemente la comparación con sus pares de los países más desarrollados del mundo en muchos sectores. Desde fines de los años setenta, los cambios tecnológicos asociados a la informática crearon fuertes desafíos a la industria nacional. Se fue expandiendo en el mundo la "automación", que consistía en sustituir el vínculo electro mecánico que une la máquina con el maquinista con el vínculo electrónico que permitió progresivamente, primero el manejo a distancia y luego la planificación y control de la máquina o de un conjunto de máquinas a distancia. Las inversiones en bienes de capital se tornaron muy pesadas justamente en un momento en que cambió la política económica con la apertura económica y el retraso cambiario que plantearon desafíos prácticamente insuperables para gran parte del parque industrial nacional. La acentuación de esta política en la década de los noventa, agravó el proceso de desindustrialización, concentrándo las manufacturas en nichos rentables que usaron abundantemente partes importadas. Cayó fuertemente el PBI industrial que de un 30% del total en 1974, pasó a representar apenas un 15% en 2000. Ya hemos visto que durante la década de los noventa con la paridad fija y la apertura irrestricta, el sector agropecuario, el mejor dotado del país, luchó para sobrevivir mediante un proceso de concentración de la tierra y un enorme esfuerzo tecnológico que le permitió duplicar su producción en 10 años. Hoy, después de la devaluación de principios de 2002, y el cambio de precios relativos, el sector agropecuario a pesar de las retenciones, conoce una neta recuperación de su rentabilidad y la producción sigue mejorando tecnológicamente.

La industria, mediante la sustitución de importaciones en gran escala, y un todavía tímido esfuerzo exportador, recuperó velozmente su nivel de producción y su rentabilidad. Se da a fines de 2004, la feliz coincidencia de una prosperidad compartida por los dos sectores que debido a su diferencia de productividad que hemos señalado en el capítulo 9 mantuvieron durante muchos años un estéril enfrentamiento, abierto o larvado. Hoy, en que la actividad agropecuaria se asemeja cada vez más a una actividad industrial por la complejidad de los procesos, el monto de las inversiones en juego y lo delicado del gerenciamiento de las mismas, los dos sectores deben complementarse. El rol fundamental de la política consiste en diseñar los mecanismos de la estrategia macroeconómica que permitan el consenso entre estos dos sectores fundamentales para proveer divisas, por la exportación o la sustitución de las importaciones.

El tercer gran sector, el de los servicios, que se expandió formidablemente durante los noventa, volverá a crecer en el largo plazo, si cuaja esta estrategia de desarrollo basada en el crecimiento armónico tanto del sector agropecuario como del sector industrial. De esta forma se acelerará la solución del acuciante problema del empleo. Hay que señalar una industria de servicios, si se la puede llamar así, que es la del sofware informático, que se está empezando a desarrollar y tiene un futuro promisorio en el país. Desde la devaluación, se han creado miles de puestos en esta industria que exporta inteligencia pura, y para la cual nuestros egresados están muy bien dotados como lo demostró el extraordinario galardón que ganó Sergio Sancho. Por ahora la mayoría de los puestos han sido creados por compañías extranjeras. Lo deseable es que los emprendimientos locales se multipliquen y que se arriesguen capitales nacionales en una industria que puede producir utilidades más que interesantes y dar trabajo a una mano de obra de excelente calidad que podrá brindar lo mejor de sí misma al país.

Ya hemos visto que lo mejor de los noventa fue la inversión en infraestructura que dotó al país de las obras básicas para brindar energía y transporte a la actividad económica y a la población. También se modernizó el sistema de telecomunicaciones. Es tiempo de retomar las inversiones en estos sectores, porque faltan caminos, gas domiciliario y cloacas para la población, amén de los requerimientos que irán manifestando los sectores productivos.

En esta tarea de repasar los motivos de esperanza sobre el futuro de la Argentina, es necesario recordar que nuestras fuerzas armadas, con poco presupuesto, pero modernizadas, han demostrado que están en condiciones de cumplir con su deber con un muy buen grado de eficiencia. Las tropas que participan en las misiones de paz de las Naciones Unidas son apreciadas por su comportamiento y su eficiencia. El año pasado, en una delicada misión que le llevó varios meses, el rompehielos almirante Irízar, de la marina de guerra, se internó en los hielos antárticos para dar apoyo a la tripulación de un navío extranjero aprisionado por los hielos. Su labor humanitaria llevada a cabo con esmero y desprendimiento, fue un motivo de orgullo para todos los ciudadanos argentinos.

El Estado argentino ha sido muy denostado, muchas veces con razón, y hemos visto que es necesario mejorar su calidad de gestión con la incorporación de funcionarios con una formación técnica y ética de primer nivel. Todavía falta mucho pero algo se está haciendo. Como ejemplo de la mejora en curso, podemos destacar la elección de Jorge Linskens, el subdirector de sistemas y telecomunicaciones de la Administración Federal de Ingresos Públicos (AFIP) como el principal exponente de su actividad. Fue el más votado en la consulta organizada por la revista *Information Technology*.[60]

Otra información que despierta el optimismo es constatar que la calidad de vida argentina es la mejor de Latinoamérica. "Según el índice de Desarrollo Humano de la ONU, la Argentina mantiene el puesto 34 a pesar de que los datos utilizados son del 2002, en el peor momento de la recesión".[61] Se nos aclara que el rango es sobre 177 países considerados y más adelante el artículo nos dice que a pesar de la caída del PBI que descendió por tercer año consecutivo:

[60] Linskens Jorge: detalle de su galardón en: "Eficiencia estatal: la AFIP gana premio empresario", *El Cronista* 11 de agosto de 2004.
[61] Benedetti Eugenia: "La calidad de vida argentina es la mejor de Latinoamérica", *El Cronista*, 15 de julio de 2004, p. 11.

...la esperanza de vida de 74,1 años, la tasa de alfabetización de adultos de 97%, y la tasa de matriculación combinada de 94%, aportaron a la buena puntuación de nuestro país. A diferencia del PBI, desde 1999 estos indicadores han mejorado de manera continua, manteniendo la tendencia creciente que el IDH (índice de desarrollo humano) ha experimentado para nuestro país durante los últimos 25 años... Un primer argumento que ayuda a la comprensión de los resultados, es que dos de sus componentes estructurales, como la esperanza de vida y los logros educativos, son componentes poco sensibles a los cambios de corto plazo... Si en realidad se aumentan los esfuerzos por impedir que este capital se extinga entre los más afectados por la crisis, se puede recuperar parte del capital humano, esencial para sostener el crecimiento en el largo plazo.[62]

Esta relativa buena ubicación si bien es estimulante no debe hacernos perder de vista que el nivel de vida ha disminuido considerablemente hasta 2002, y que es necesario seguir creciendo como los dos últimos años durante varios períodos para ir recuperándolo de a poco. Es estimulante sin embargo constatar que las reservas acumuladas anteriormente permitieron amortiguar en algo el impacto de la caída.

Hemos pasado revista a una serie de elementos que permiten tener esperanzas sobre la capacidad de recuperación sostenida de la sociedad argentina. Probablemente, el más importante de todos, sea un elemento impalpable, intangible porque se trata nada más ni nada menos que del aprendizaje que ha hecho nues-

[62] Benedetti Eugenia: *op. cit.*

tra sociedad de los tres grandes traumatismos que asaltaron la Argentina en los últimos 30 años.

El primero de ellos fue el aprendizaje de los horrores de la dictadura. El proceso militar de 1976 a 1983, con sus excesos represivos, sus errores económicos, el endeudamiento externo que dejó, la guerra inconsulta que emprendió, hizo comprender a nuestra sociedad que los regímenes fuertes, supuestamente salvadores, son una utopía y que, a pesar de todas sus falencias, no hay nada mejor que la democracia. La grave crisis de fines de 2001, demostró que este aprendizaje ha sido profundamente incorporado por el sentir público nacional. Y esta valoración de las instituciones republicanas, aunque funcionen con muchos problemas, es un activo esencial porque permite descartar, en la medida en que uno puede razonablemente predecir el futuro, el recurso fácil y destructivo de la solución militar. Las fuerzas armadas también han asimilado el cambio y se encuentran compenetradas con su rol de subordinación al Poder Ejecutivo. La Constitución es la norma que, aún imperfectamente, constituye la referencia última del accionar del gobierno y de todos los actores sociales. Este estado de espíritu colectivo es un avance fundamental en la madurez de la sociedad argentina.

El segundo de ellos, es el aprendizaje de los efectos devastadores de los déficits fiscales incontrolables y de la inflación que los acompaña y que terminó en las dos últimas experiencias de este tipo vividas, como hiperinflaciones destructivas en 1989 y en 1990. El miedo a la depreciación monetaria es también un activo de importancia superlativa. No es el único factor, pero sin duda uno de los que permitió que la última devaluación sólo se haya trasladado en menos de un tercio de su magnitud a los precios después de que hayan transcurridos casi tres años desde que ocurrió.

El tercero de ellos, y también sumamente importante, es el aprendizaje de que si bien la estabilidad es un bien en sí mismo, no es posible lograrla de manera duradera con el artificio del atraso cambiario, el endeudamiento financiero externo, la apertura irrestricta de las fronteras en una ingenua globalización y la destrucción del capital social vía la desocupación. Este aprendizaje es el resultado de la dura experiencia de la segunda mitad de los noventa y el principio de los años 2000.

Estos tres aprendizajes constituyen el núcleo duro de la nueva personalidad social argentina, producto de la maduración de las crisis que se han sucedido en las tres últimas décadas. Se trata de una realidad sumamente positiva que justifica que se mire con esperanza el futuro de la Argentina como el de una sociedad creciendo con un desarrollo inclusivo que permita la recomposición progresiva de su capital social.

EPÍLOGO

EL PORVENIR

"El porvenir no está escrito en ninguna parte"[63] es el titulo de un libro de Michel Poniatowski, ministro del Interior del entonces presidente francés Valery Giscard d´Estaing. Escrito en 1978, el político reflexionaba en sus páginas sobre el futuro del mundo en general y de Francia en particular. El futuro argentino tampoco está escrito en ningún lugar pero lo que sí es evidente, es que a tres años del derrumbe de un sistema, otro está surgiendo. El nuevo se apoya sobre bases sólidas porque sus arquitectos, interpretando a la mayoría de la opinión pública, construyen lo nuevo con materiales actualizados. Tienen una gran ventaja sobre sus antecesores: saben lo que hay que descartar. Esencialmente las tres experiencias desastrosas del último cuarto de siglo: el autoritarismo, la demagogia estatista, populista e inflacionaria, y la "estabilidad" ficticia del neoliberalismo del Consenso de Washington que se aplicó en la última década. Aquella favoreció la concentración del capital, preeminentemente de origen extranjero. Éste desplazó en muchos sectores a la burguesía nacional, y llevó a la lógica de una explotación cuasi colonial sin interés al-

[63] Poniatowski Michel: *L'Avenir n'est écrit nulle part*, Editions Albin Michel, 1978.

guno por las consecuencias de su accionar sobre la comunidad que le proporcionaba sus ganancias. Éstas, en muchos casos exageradas, cegaron a sus beneficiarios, y se produjo una ruptura entre la lógica empresaria y la lógica del gobierno. Éste, por otra parte, abdicó de sus responsabilidades e, incapaz de cambiar el rumbo, se puso al servicio de estos intereses privados que esquilmaban a la nación. La paridad ficticia entre el peso y el dólar, mantenida más allá de toda lógica por las autoridades, distorsionó los precios relativos, sesgó la inversión a favor de los servicios y en contra de los bienes transables, y llevó la cuenta corriente del balance de pagos a un déficit permanente y creciente. La Argentina se desangraba ante la mirada complaciente de lo más granado del pensamiento económico mundial. Probablemente porque, sería hipócrita no decirlo, la sociedad argentina consentía a la experiencia y votaba a las autoridades que la llevaban a cabo, tanto cuando daba resultados como cuando demostraba su fracaso. El endeudamiento basado en tasas de interés muy altas y el seguro de cambio que brindaba la convertibilidad fue la contrapartida. La fiesta de muchos al principio, se limitó a muy pocos hacía el final cuando la desocupación diezmó a la sociedad y la deflación a los sueldos. Ya conocemos el resultado. Estas experiencias nefastas acotan el accionar de las actuales autoridades que ven así más claramente la ruta por seguir y los obstáculos a evitar.

Pero además, existe cierto fervor en esta construcción. De la misma manera que la marcha hacía el Oeste mantuvo la mística de la construcción de una gran nación en los Estados Unidos del siglo XIX, la Argentina, sin darse bien cuenta, ha ingresado en un estado de espíritu similar. "Estámos ganando la batalla contra el pensamiento de que lo argentino no vale",[64] decía

---

[64] Bianchi Alejandro: "El gobierno ratificó a la obra pública como puntal del crecimiento", *El Cronista* 10 de noviembre de 2004.

recientemente el presidente Kirchner. Porque la construcción de un país normal, con una moneda propia, un Estado que administra, fija las reglas de juego de un sano capitalismo, equilibra sus cuentas, y defiende ante el mundo de manera inteligente el interés nacional, revaloriza nuestra capacidad de actuar en todos los campos. En la década anterior, se había hecho carne que los argentinos valíamos poco, y que lo extranjero era siempre superior, cuando lo era efectivamente y cuando no lo era también. Esta ideología, despechada de los fracasos anteriores renunció a buscar las soluciones adaptadas a nuestra idiosincrasia y que tomaran en cuenta el nuevo estado del mundo; pareció más fácil tercerizar la administración a los capitales foráneos sin control alguno. El resultado está a la vista y el espanto que causa es el principal motor de la nueva política que descartando los espejismos de las recetas ganadoras, se dedica al trabajo más vulgar que consiste en administrar con sentido común y en función del interés nacional los inmensos recursos de los que está dotado nuestro país.

Las fuerzas que impulsan esta nueva forma de encarar el futuro son muy vigorosas y tienen el apoyo de la gran mayoría de una población talentosa, que quiere creer y seguir adelante. Existe un hambre de hacer, de salir adelante, de crecer como lo demuestra el nivel de la inversión que se incrementa trimestre tras trimestre y que en el último trimestre de 2004, superará el nivel máximo de inversión de la década de los noventa. Este nivel de inversión se logra con poca participación del capital extranjero, el cual "ya no es imprescindible" como lo declaró recientemente el economista americano Paul Krugman[65] lo que no significa que no sea bienvenido en áreas en que aporte tecnologías e incentive las exporta-

---

[65] Krugman Paul: "Para Krugman el capital exteno no es imprescindible", *El Cronista*, 10 de noviembre de 2004, p. 5.

ciones. Pero lo más importante, es que juntamente con el incremento del producto, como éste es ahora socialmente inclusivo, se está reconstruyendo, lentamente pero de manera firme, el tejido social. La creación de empleos genuinos; el apoyo a los microemprendimientos; los subsidios para los sin trabajo cada vez más orientados a la formación y el acercamiento a las empresas; el plan Remediar, muy poco conocido pero que brinda gratuitamente los 10 medicamentos básicos a todos los que los necesiten y mejoró así el panorama sanitario de gran parte de la población; la lenta revalorización de la escuela primaria y secundaria; la reorganización progresiva de la policía de la Provincia de Buenos Aires, que con el espectacular rescate de la secuestrada Patricia Nine demostró que recuperaba capacidad de acción y eficacia, son otros tantos ejemplos de esta lenta pero constante reconstrucción de un tejido social muy deteriorado. La mejora de las expectativas de los estudiantes universitarios se inscriben en esta percepción más constructiva del futuro argentino. "El 71% de los universitarios ya no piensa en emigrar. Hace dos años los que querían quedarse eran sólo el 47,4%",[66] establece un relevamiento que desde 2002 realiza anualmente la Universidad Austral.

Por supuesto, existe un núcleo duro de escépticos y falta cerrar cicatrices. En el desarrollo de este ensayo hemos constatado que el gobierno tuvo que administrar la crisis con una Justicia que no admitió la emergencia y que con sus fallos complicó especialmente el manejo de la crisis financiera. La nueva Corte Suprema acaba de pronunciarse sobre la constitucionalidad de la pesificación que surgió como la mejor manera de preservar el bien común en una situación de emergencia. Era un fallo muy esperado porque permite consolidar

[66] San Martin Raquel: *La Nación*, 7 de noviembre de 2004, p. 1.

todo lo actuado en los últimos tres años y garantizar la continuidad de la exitosa política económica actualmente llevada a cabo. El fallo de la Corte que es contundente en su parte resolutoria en donde firman los cinco jueces que apoyan el dictamen se torna vacilante por los considerandos personales de uno de los jueces que formó la mayoría de 5 miembros. Este juez, borra parcialmente con el codo lo que escribió con la mano, al limitar la pesificación a los depósitos superiores a los 70.000 dólares. Muchos jueces de niveles inferiores que nunca aceptaron la pesificación, y demostraron que no entendieron el verdadero alcance de los efectos negativos de la convertibilidad, enfrentando a la Corte, siguen fallando, a principios de noviembre de 2004, a favor de los ahorristas para que los bancos les paguen sus depósitos en dólares apoyándose en los ambiguos considerandos del juez Eugenio Zaffaroni. En la práctica, a fines de 2004 el monto de los depósitos en juego no tiene trascendencia y el sentido común indica que un país no puede suicidarse al negarse a reconocer la realidad de tres años de vida económica exitosa por lo que es de esperar que nuevos fallos de la Corte vendrán a aclarar la confusión subsistente después del caso Bustos. Pero los jueces que se rebelan contra el fallo de la Corte que denuncia la "falacia" del tipo de cambio uno a uno, demuestran que no entendieron que la pesificación de enero de 2002 permitió que el sistema financiero y la economía sobrevivieran. Esto quiere decir que no está claro para ellos que si se hubiera aplicado la ley al pie de la letra, como ellos pretenden, hubieran quebrado los bancos. Éstos imposibilitados de recuperar dólares de sus clientes que facturaban o cobraban pesos, hubieran arrastrado en su quiebra tanto a las empresas que les debían como a los ahorristas que, entonces, hubieran perdido la mayoría de sus imposiciones. Cuesta imaginar el caos social que hubiera sucedido en caso de hacerse realidad este escenario contrafáctico.

Pero no son solamente algunos jueces los recalcitrantes que no entienden el nuevo camino emprendido. Varios analistas económicos sostienen que la economía argentina crece porque es llevada por el viento de cola de los precios internacionales y de las bajas tasas de interés. Presentan como ejemplo el hecho de que todas las economías de Sudamérica conocen buenos ritmos de crecimiento, apalancados por el buen nivel de la actividad económica mundial. Lo que no dicen estos analistas, es que con la convertibilidad la Argentina sufrió recesiones agudas en 1995, 1999, 2000 y 2001 cuando los demás países sudamericanos crecían sin inconvenientes, inmunes aparentemente a los problemas mundiales a los cuales se achacaba las contraperformances del sistema que aquí capotó. Además existe una diferencia notoria entre los ritmos de crecimientos de Argentina y de sus vecinos, con la excepción de Uruguay que tiene un buen año 2004, arrastrado tardíamente por nuestro despegue luego de un desastroso año 2002 como el nuestro y un crecimiento casi nulo en el 2003. Pero sobre todo lo que se olvidan estos analistas apegados a la convertibilidad, es que el crecimiento es un estado normal de la actividad económica en un país con los recursos que posee la Argentina y que lo aberrante han sido las lamentables performances realizadas en los últimos 28 años. Éstas han sido causadas por las tres plagas que la mayoría de la sociedad argentina aprendió a identificar. El ejemplo de Chile, que tiene un marco macroeconómico bastante parecido al nuestro actual desde 1983, ostenta dos décadas de sostenido crecimiento. Es el ejemplo sobre el cual podemos basar nuestro optimismo sobre que la Argentina terminará con esta racha de estancamiento. Ésta es reproducida por los modelos econométricos que usan estos analistas que no creen en la nueva vía, y que por lo tanto se basan sobre los paupérrimos crecimientos del pasado, para condenarnos, en sus proyecciones, a una perpetua frustración.

La realidad, es que aparte de esta minoría todavía recalcitrante, que poco a poco se dará cuenta de los beneficios del nuevo camino emprendido, los argentinos hemos recuperado la confianza en nosotros mismos. Ya hemos hablado del buen nivel de la inversión de los capitales nacionales, los que ahora son incentivados por el gobierno para que se inserten a nivel mundial y desarrollen sus propios equipos de investigación y desarrollo. También el gobierno incita a las compañías privatizadas a ampliar su capital en el mercado accionario local, como ya lo ha hecho Telefónica de Argentina que emitió 300 millones de obligaciones negociables este año. Está abierto el camino para la "acumulación endógena de capital" que evitaría la "patológica dependencia del ahorro externo típico del modelo de los 90".[67]

Las condiciones para un desarrollo sostenido están reunidas: un tipo de cambio alto y competitivo con las diferencias de productividad entre el sector primario y el sector manufacturero equilibradas con retenciones a las exportaciones que actúan de hecho como un anticipo del impuesto a las ganancias; una política fiscal seria que obtiene una buena recaudación y un superávit fiscal primario por encima de las metas mínimas necesarias para el pago de la deuda externa; una política monetaria activa que toma en cuenta la necesidad de una inflación moderada, un tipo de cambio competitivo y una tasa de interés lo más baja posible. Ya hemos explicado que el superávit fiscal facilita enormemente el rol del Banco Central al permitir que la compra del excedente de las cuentas externas se efectúe con este superávit y no con la emisión monetaria que debe ser, en parte, esterilizada luego con emisión de bonos. El aumento de la producción irá absorbiendo la desocupación además de los planes específicos aplicados para

[67] Moreno Guillermo, reproducido por Alejandra Beresovsky, *El Cronista*, 12 de noviembre de 2004, p. 13.

acelerar el proceso. El incremento de productividad que se logra año tras año se debe volcar a los salarios para obtener un incremento real de las remuneraciones que no haga peligrar las fuentes de trabajo: el aumento del consumo será traccionado por el mayor empleo y el crecimiento de la masa salarial. La inversión local, esencial en el proceso de acumulación, crecerá acorde con el incremento de la producción. El comercio exterior, tanto las exportaciones como las importaciones, seguirá el movimiento de la actividad general. Si la política exportadora es exitosa, un mayor crecimiento de las ventas externas favorecerá un desarrollo más veloz de la actividad. La participación en el Mercosur y en la nueva Unión Sudamericana en gestación, brindarán un marco regional de apoyo político e intercambio comercial.

La reconstrucción en marcha tiene por el momento un marco político de sostén de una solidez insospechada hace un par de años. El gran inconveniente es que, por ahora, depende demasiado del Partido Justicialista. El resto de la oposición, con excepción de una minoría del partido radical que ha perdido por ahora casi todo su peso en la ciudadanía, no participa de ella. Las estructuras partidarias, tanto del ARI de la Dra. Elisa Carrió como de RECREAR del Dr. Ricardo López Murphy, ambos desprendimientos del radicalismo, han adoptado un perfil opositor sin miramientos. Lo que les falta a estas dos estructuras políticas es la definición de un programa que no se limite a criticar sino a proponer. En el caso del Dr. López Murphy se puede entender que su propuesta disentirá de la nueva senda de reconstrucción adoptada: tenderá a volver, con los condicionamientos que impone la nueva realidad, al esquema anterior que siempre contó con su simpatía. La propuesta de la Dra Carrió es más difícil de anticipar porqué a pesar de sus críticas, si es consecuente con sus propuestas como candidata en 2003 debería estar de acuerdo con gran parte de lo actuado por el actual gobierno. Su definición por ahora es una incógnita. En el capítulo 7 de este ensayo, hemos explicado que creíamos que era posible renovar los partidos políticos desde adentro o crear nuevos liderázgos que permitan a los partidos de la oposición jugar un papel positivo en la reconstrucción en marcha. Es lo que muy probablemente va a ocurrir y permitirá que la recuperación actual se extienda en el tiempo para ser una verdadera reconstrucción.

Tampoco tenemos que caer en un exceso de entusiasmo y transformar nuestra confianza en un optimismo beato. El proceso de reconstrucción está en marcha, la economía se encuentra en un sendero de crecimiento sostenido, y las estructuras políticas recién inician su adaptación a la nueva realidad. El proceso de reconstrucción en marcha no será un lecho de rosas; puede haber contratiempos económicos con crisis externas o problemas internos que demoren el proceso. Lo que sí me parece, es que tratándose de una política de desarrollo que está en sintonía con las que aplican los demás países sudamericanos exitosos, el crecimiento económico, socialmente inclusivo, con mayor o menor velocidad, se acumulará en el mediano plazo. En cuanto a la recuperación plena de los partidos políticos, los mediadores indispensables entre el Estado y los intereses privados para armonizarlos a favor del interés general, su dinámica está en marcha. Tienen que cumplir un papel fundamental al orientar las fuerzas positivas de la sociedad que son las que, en definitiva, llevarán a cabo este alentador proceso de recuperación. Es posible tener confianza en el porvenir.

REFERENCIAS

Abraham, Tomás, "La paz social de Menem y los factores de poder", *La Nación*, 9 de agosto de 2002.

Bär, Nora, "Distinguieron en los EE.UU. a Jaim Etcheverry", *La Nación*, 12 de octubre de 2004.

Bielsa, Rafael, declaraciones reproducidas por *La Nación*, suplemento "Economía y negocios" 15 de octubre de 2004.

Bianchi, Alejandro, "El gobierno ratificó a la obra pública como puntal del crecimiento", *El Cronista*, 10 de noviembre de 2004.

Bordelois, Yvonne, entrevista del diario, *La Nación* el 10 de enero de 2004.

Botana, Natalio, *El orden conservador, la política argentina entre 1880 y 1916*, Editorial Sudamericana, 1977.

Botana, Natalio, entrevista al diario *La Nación*, el 27 de diciembre de 2003.

Calvez, Jean Yves, "la palabra liberal se usa muy mal", entrevista al diario *La Nación*, 15 de septiembre de 2004.

Carrera, Jorge, "Pobreza, exclusión social y dinámica macroeconómica", *El economista*, 25 de junio de 1999.

Conesa, Eduardo R, *Desempleo, precios relativos y crecimiento económico*, Ediciones Depalma, Buenos Aires, 1996.

–: *Los secretos del desarrollo*, Editorial Planeta Argentina, 1994.

–: *Que pasa en la economía argentina*, Ediciones Macchi, mayo de 2000.

Curia, Eduardo, *La trampa de la convertibilidad*, Ediciones Realidad Argentina, diciembre de 1999.

De Gaulle, Charles, *Mémoires d'espoir, le renouveau: 1958-1962*, librairie Plon, 1970.

Delich, Francisco, *El desempleo de masas en la Argentina*, Grupo Editorial Norma, Kapeluz editora, 1997.

Diamand Marcelo, *Doctrinas económicas, desarrollo e independencia*, Editorial Paidós, 1973.

Espert, José Luis, "La Argentina ¿destino africano?", suplemento económico de *La Nación*, 31 de octubre de 2004.

F.I.D.E. (Fundación de Investigaciones para el Desarrollo), *informe económico mensual*, No. 185, octubre 2004.

Fourastié, Jean, *Les trentes glorieuses ou la révolution invisible*, Librairie Arthème Fayard, 1979.

Frenkel, Roberto, "Acerca de la polémica sobre el veranito", suplemento económico de *La Nación*, 24 de noviembre de 2002.

Figueroa, Manuel, *La economía del poder*, Editorial Universitaria de Buenos Aires, 1998.

Gerchunoff Pablo, Llach Lucas, *El ciclo de la ilusión y el desencanto*, Ariel Sociedad Económica, 1998.

Halperin Donghi, Tulio, *Los intelectuales y el país de hoy*, pag 100, *La Nación*, 2004.

Haussman, Ricardo, "Una salida para la Argentina", *El Cronista*, 30 de octubre de 2001.

Kliksberg, Bernardo, *Más ética, más desarrollo*, Tema Grupo Editorial, 2004.

Krugman, Paul, "Para Krugman el capital externo no es imprescindible", *El Cronista*, 10 de noviembre de 2004.

–: *The New York Times*, 11 de febrero de 2004.

Lascano, Marcelo Ramón, *Reflexiones sobre la economía argentina*, Ediciones Macchi, 1996.

Lewis Colin, entrevista en *La Nación*, 1 de septiembre de 2004.

Lousteau, Martín, *Hacia un federalismo solidario*, Temas Grupo Editorial, 2003.

Llach, Juan, *Otro siglo, otra Argentina*, Cia Editora Espasa Calpe Argentina/Ariel, 1997.

Martinez, Enrique, *El fin del desempleo*, Capital Intelectual, 2004.

Mora y Araujo, Manuel, "Las expectativas sociales y la gobernabilidad del sistema", *El Cronista*, 30 de agosto de 2004.

Mussa, Michael, *Argentina y el FMI, del triunfo a la tragedia*, World Publications/Grupo Editorial Planeta, 2002, traducido del título original: *Argentina and the Fund: From triumph to tragedy*.

Poniatowski, Michel, *l'Avenir n'est écrit nulle part*, Editions Albin Michel, 1978.

Prins, Arturo, "La razón de nuestra crisis", *Criterio*, No. 2297, septiembre de 2004.

Reich, B. Robert, *El trabajo de las naciones*, Javier Vergara editores, 1993. Título original, *The Work of nations*, Vintage Books a division of Random House, 1991.

Rouquié, Alain, entrevista del diario *La Nación* del 30 de junio de 2004.

Sabbatella, Martín, reportaje en *La Nación* del 10 de octubre de 2004.

Sanguinetti, Horacio, entrevista del diario *La Nación* del 11 de octubre de 2003.

Torrado, Susana, entrevista del diario *La Nación* del 24 de enero de 2004.

Tulchin Joseph, entrevista del diario *La Nación* del 8 de septiembre de 2004.

Valenzuela, Diego, "El crecimiento Postdefault", *El Economista*, 8 de octubre de 2004.

Este libro se terminó de imprimir
el 25 de noviembre de 2005 en
Talleres Gráficos Offset Difo,
Rosario 4751,
Adolfo Sourdeaux,
Provincia de Buenos Aires,
Argentina.